PROGRESIÓN DE APRENDIZAJES BÁSICOS:

UNA PERPESPECTIVA ONTOGÉNICA

ERNESTO L. FIGUEREDO ESCOBAR

EDICIONES PRONOS WORLD

PRONOS WORLD

Miami, Florida, 2020

Título: Progresión de Aprendizajes Básicos. Una Perspectiva Ontogénica
Autor: Dr. Ernesto L. Figueredo Escobar
Revisión técnica: Mg. Manuel J. Quintana Díaz
Revisión literal: Lic. Arminda Isabel Naranjo Fernández
Diseño imágenes: Ing. Bryan Labarrere Vargas
© 2020, Ernesto L. Figueredo Escobar

Edición N°: 2
Fecha: mayo de 2020

N° Inscripción: 215.232
ISBN: 978-1-7350276-1-6

Ediciones Pronos World
www.pronosworld.com

ONTOGENIA, UNA OPORTUNIDAD DE EDUCACIÓN PARA TODOS

Antecedentes de la Publicación:

El primero de mayo de 2012 tuvo lugar la edición N° 1 del libro de 1000 ejemplares. Ha sido utilizado en la formación postgraduada de magíster en: Neurociencia Aplicada a la Educación, Educación Diferencial, Mención Trastornos de la Comunicación de la Universidad Mayor, Chile. Ha encontrado aplicación en la formación pedagógica y metodológica de académicos universitario de la Universidad Autónoma de Chile y ha sido material de apoyo en diferentes talleres para el perfeccionamiento de los educadores y profesionales que brindan apoyo multidisciplinario a la diversidad de educandos.

Opiniones de Expertos:

Olga González Mesa. Académica Universitaria. Asesora Educacional, Dr. En Ciencias Pedagógicas. Santiago de Chile:

"El libro Progresión de Aprendizajes Básicos desde una visión ontogénica me hizo reflexionar sobre la mirada de la enseñanza, como un compromiso a la validación del otro con amor, a la vez que me reafirma el aprendizaje de una manera optimista; con la cual impone un reto de grandes demandas a la enseñanza."

Lorena D. Serrano Droguett. Profesora de Educación Diferencial, Magíster en Gestión Educacional. Santiago de Chile:

"Un texto útil, que permite su consulta permanente y aporta, desde una postura ontogénica, a la planificación del proceso de enseñanza y de aprendizaje frente a la diversidad educativa."

Omar Aguilar Martínez. PhD. en Ciencias Físicas. Académico e Investigador. Nueva York. E. U.A.:

"Participé en los estimados de descriptores y análisis de resultados que se exponen en el capítulo IX del libro de referencia. Considero que el modelo presentado por el autor es un intento exitoso de utilizar métricas de intangibles (como es el conocimiento y el aprendizaje), que representan un aporte en las tendencias actuales de cuantificar variables intangibles en la educación. A su vez facilita asociarlas a comportamiento de clúster para evaluar la evolución dinámica del desarrollo humano, ante el aprendizaje y realizar pronósticos de escenarios."

José Álvarez. Académico Universitario. Doctor en Ciencias de la Educación. Catedrático de la Universidad de Carabobo. Valencia. Venezuela:

"El libro de Progresión en los aprendizajes: Una perspectiva ontogénica de mi profesor y amigo Ernesto Figueredo, nos permitió profundizar en las prácticas de mediación en los aprendizajes desde la mirada Socio- Histórico – Cultural."

Osvaldo Aguilar Fernández. Asesor educacional. Académico Universitario. Psicólogo, Magíster en Currículo y Evaluación. Santiago de Chile:

"El libro "Progresión de aprendizajes básicos: una perspectiva ontogénica" fue de gran utilidad para mi auto preparación en la elaboración de los cursos "Mediación en el desarrollo de las habilidades", y de "Pedagogía Colaborativa". Por último el me facilitó el desarrollo del programa de capacitación "Manejo del Clima Escolar y de aula" producto a su excelente aporte sobre la relación entre las emociones y la motivación para el desarrollo humano."

Gracias por adquirir este libro. Espero por sus comentarios para seguir tejiendo el abrigo ontogénico de la educación. Espero los comentarios en mailto:mail to: info@pronos.cl

Puede colocar sus comentarios en las páginas de amazon.com y amazon.es

ÍNDICE

ANTECEDENTES DEL AUTOR

Ernesto Lázaro Figueredo Escobar, Doctor of Philosophy in Education, Bachelor of Science in Speech-Language Pathology (Josef Silny & Associates, Inc. Internacional Education Consultants EUA, 2009). Académico, Doctor en Ciencias Pedagógicas (Rusia, 1990 y Cuba, 1991), Master of Arts en Pedagogía, especializado en Logopedia (Rusia, 1979).

Founder & CEO de Pronos World. Director General de Pronos Consultores. Presidente de la Fundación Pronos, acreditada ante el Ministerio de Educación de la República de Chile para brindar Asesoría Educacional: Asistencia Técnica Educativa (ATE). A su cargo la dirección de asesorías a Establecimientos de la Educación General (Preescolar, Primaria, Secundaria y Preuniversitaria) y Universidades, para favorecer la implementación de la gestión de los aprendizajes en contextos colaborativos, uso de herramientas tecnológicas para la caracterización actitudinal – cognoscente y sociodemográfica de los estudiantes, la planificación integrada y el seguimiento al logro de aprendizajes, desde una postura preventiva y con la aplicación del análisis de cohortes.

Profesional que opera en el Enfoque Ontogénico y el Modelo de Análisis de los Componentes de Actividad de Aprendizaje. Su quehacer se ve reflejado en la creación de Softwares Educativos, Libros Especializados e Investigaciones en la atención de la diversidad de estudiantes con énfasis en el valor agregado en los aprendizajes.

Su obra es utilizada en la formación de especialistas en el campo psicopedagógico y logopédico. Ha generado y participado en eventos científicos nacionales e internacionales. Se destacan publicaciones en eventos y revistas de Universidades Latinoamericanas.

PRÓLOGO

Reconociendo y respetando las admirables capacidades humanas y profesionales del Dr. Figueredo, debo ante todo, manifestar mi gratitud por haberme concedido la oportunidad de redactar el prólogo de esta nueva obra con la que da continuidad a su fértil trayectoria como escritor, revelando que los temas examinados, encuentran sustento teórico – práctico en las experiencias personales y actualizadas de su vasto desempeño como investigador, consultor y docente.

Entre los múltiples atributos admirables de la humanidad, resalta aquél que dice relación con la pasión que mueve sus acciones por convicción y este trabajo, es claro ejemplo de ello, ya que se puede palpar el anhelo de su autor por transmitir sus arraigadas ideas sobre el enfoque ontogénico heredado de la teoría socio-histórico-cultural desarrollada y enriquecida por representantes de la neurociencia cognitiva como: Vygotsky, L.S., Leontiev, A.A., Luria, A.R.; entre otros que descifraron y entregaron sobrados argumentos respecto de la naturaleza del desarrollo humano en su interacción filogenia – ontogenia.

Lo anterior, explica en definitiva las potentes influencias que ejercen en el desarrollo y autoafirmación personal, factores contextuales como la historia, la cultura y la diversidad de particularidades del entorno físico, donde el sujeto crece, participa, interactúa y desarrolla diversas actividades sociales, enmarcadas en un determinado momento de la existencia de la individualidad humana.

A través de esta propuesta, práctica denominada: **Progresión de Aprendizajes Básicos: Una Perspectiva Ontogénica**, su autor llama la atención sobre la estrecha relación existente entre actitud y cognición, advirtiendo su indubitable importancia en el desarrollo multidimensional del sujeto, con base en la mediación, lo que justifica el análisis que realiza en torno a los múltiples factores que influyen en el desarrollo biológico y social de las personas.

Sin lugar a duda, esta obra hace un llamado sobre la necesidad de desarrollar oportunamente actividades significativas y funcionales, que concebidas en condiciones idóneas y contextos enriquecidos de facilitadores de acceso al aprendizaje y a la participación, permitan al alumnado maximizar sus capacidades en relación con los componentes de la actividad de aprendizaje: actitudinal, operacional, organizacional y energético.

En correspondencia, presenta ejercicios para procesos determinantes como son: Respiración y Relajación, Motricidad General y Fina, Oído Tonal, Discriminación Auditiva y Fluidez Verbal; Orientación Espacial, Desarrollo y Ampliación del Vocabulario, Habilidades Cognitivas, Atención, Lecto – Escritura y Lenguaje Matemático, dejando para el final, un minucioso análisis que viene a clarificar cuan relevante resulta para el progreso del alumnado, una planificación exhaustiva y sistemática de las acciones implícitas en la gestión curricular e institucional en contextos colaborativos; otorgándole relevancia a la gestión pedagógica integrada en las comunidades educativas.

Gracias al abordaje ontogénico dado por el autor a los variados contenidos, se reafirma la idea de que la ontogenia, recapitula la filogenia, transparentando con sus argumentos, que si bien la psicología humana posee soportes de tipo biológico, ésta va a experimentar cambios cualitativos en el marco de las interacciones que se suscitan entre factores personales (funciones y estructuras corporales) y contextuales (ambiente y cultura), conjugando con sobrada sapiencia, un amplio cúmulo de contenidos que evocan la naturaleza activa del aprendizaje humano.

Se invita permanentemente al lector o lectora, a reflexionar en torno a lo transcendental que resulta que todos los actores involucrados en la Educación usen su creatividad, propicien la desnaturalización y descontextualización de la enseñanza y el aprendizaje; otorguen mayor significado y funcionalidad a las ofertas educativas y formativas y, fomenten desde una perspectiva multidimensional, la mediación individualizada de múltiples desempeños autónomos. Todo esto, asumiendo que la esencia ontogénica de una Educación Universal debiera contribuir al enriquecimiento del conocimiento humano.

Creo con toda seguridad, que esta obra como las publicadas anteriormente por el autor, se convertirá en una valiosa guía de consulta sistemática por parte de profesionales que se desempeñan en todas las modalidades y niveles educativos.

Mg. Manuel J. Quintana Díaz

PRESENTACIÓN

¿Es factible pensar en que se pueda seguir un camino cuando se trata de mediar en los aprendizajes? ¿Será posible enseñar, cuando se dice que la última palabra la tiene el individuo que aprende? ¿Es congruente con la diversidad, pensar que nadie puede enseñar nada a nadie y es el otro el que aprende? Cuando se dice que cada uno construye sus aprendizajes, ¿se quiere indicar que el mismo es un hecho concerniente al aprendiz y no incorpora al que enseña? Al final ¿es o no, una construcción conjunta que involucra al que enseña y al que aprende? Son muchas las interrogantes y sobre sus posibles respuestas comparto ideas y prácticas sobre mediación en los aprendizajes.

Parto por expresar mis propios testimonios como estudiante en la presentación de este libro. Supe que era necesario leer cuando tenía ocho años. Se guarda la imagen de la comunión realizada junto a mi hermano Héctor. Ambos sosteníamos entre nuestras manos una Biblia rodeada de sus respectivos rosarios. Así juntos, también llegamos al colegio, yo con mis ocho años y él con nueve. Nos hicieron un diagnóstico de entrada para caracterizar nuestros aprendizajes previos (se dice así hoy).

La evaluación inicial fue muy breve: había que leer en voz alta un texto que colgaba en la pared de la sala de clase. La caracterización de la habilidad lectora hizo que mi hermano fuera ubicado en segundo grado y en mi caso, al no observarse ningún vestigio de dicha habilidad, quedé en primer grado.

En ese entonces, fui Gulliver en el país de los enanos. Los problemas de aprendizajes se entretejían con los problemas conductuales. Era recurrente vivir en el acoso del ridículo, acompañado de violencia verbal y física. De algún modo, me pasaron de nivel en nivel, en ocasiones con saltos que llamaban aceleración.

En la memoria, transitan las imágenes de los profesores que perseveraron durante años para que se recuperara el tiempo perdido. Creo que intuían que, si bien hay un camino recorrido, es factible retroceder y pensar que nunca es tarde. Juega a favor que en el desarrollo de un niño o niña hay períodos sensibles, de altas potencialidades de formación. No obstante, es posible pensar, que siempre se puede empezar desde algún punto de la existencia humana y confirmar que nunca es tarde para mediar de manera que, la dicha del aprendiz sea buena.

Con el pasar del tiempo el deporte, el crecimiento cultural del entorno, los afanes por el mejoramiento de la salud; entre otros, colaboraron para que la tarea de la escuela se diera en mejores condiciones. Me asombra recordarme sentado en una biblioteca pública leyendo libros tras libros. Todavía me asombra más, que hiciera filas para comprar libros de literatura. Pasaron por mis manos las hojas de los libros como "Cien Años de Soledad" y en mi mente para siempre, la imagen de Macondo.

Estando en secundaria, leía el libro de Texto de Psicología conocido como: "de Bustamente". Me parecía increíble que pudiera caracterizar a una persona mirando la estructura corporal y decir este señor es sanguíneo o flemático. Podía a través de las pinceladas gráficas de Conan Doyle, encontrar en Sherlock Holmes al ser flemático que se caracterizaba en el texto de Bustamante.

Podía con profundidad y sentido de pertenencia, encontrar comunidad con la reeducación de Jean Valjean y sus perseverancias ante los adversos momentos de la vida; su complicidad con los desposeídos y sus cruces adversos con su perseguidor Javert en la obra "Los Miserables" de Víctor Hugo.

Más de una vez, traté de comprender los escritos de Freud. Solo me quedaba una sensación de que no me resultaban asequibles. Pensé que seguramente no estaba a mi alcance o el autor no tenía claro su interlocutor. En mi calidad de escritor de libros sobre la psiquis humana y su desarrollo, en particular cuando he tratado los temas de Psicología del Lenguaje, he sentido que muchas veces se pierde el interlocutor y no se logra que el texto resulte accesible.

A los 31 años ya había escrito mi primer libro y a los 33 años, era Doctor en Ciencias. Se había dado un salto relevante en los aprendizajes. Debo dar gracias a los mediadores sociales.

Quiero resaltar la fuerza de la individualidad en el crecimiento personal, no puedo pasar por alto el protagonismo del que aprende. Su entrega y dedicación por generar desde su realidad nuevas formas de existencia humana. La actitud es la fuerza impulsora del cambio.

Pienso que el arte de evocar un caballo con un pincel, está en el sentimiento que expresa el pintor y no es el reflejo de una realidad universal. Ahora usted conozca mis sentimientos y al final genere su propia obra. Se trata de una opción para el intercambio de experiencias en la mediación de los aprendizajes.

Si un niño o niña no aprende como se le enseña, entonces no se le está enseñando como él (ella) aprende. Es una opción optimista sobre las potencialidades de desarrollo de la diversidad humana.

No hay métodos buenos ni malos, solamente personas que aprenden. El mejor método, es aquel que sustenta el mediador. Y no hay teoría más pertinente, que aquella que se basa en el desarrollo ontogénico.

La gestión del conocimiento en la educación se presenta dentro de un marco colaborativo, que se concreta a través de estrategias pedagógicas integradas de los docentes y profesionales asistentes al proceso formativo.

Esta obra se encuentra alineada con la propuesta sistémica que presenta Manuel Quintana en su libro: "APOYOS PARA LA TRANSICIÓN HACIA LA VIDA ADULTA ACTIVA": Propuesta progresiva de aprendizajes vitales e ideas generales para el tratamiento de los contenidos.

INTRODUCCIÓN

Este libro, está orientado al intercambio de experiencias prácticas para la mediación en los aprendizajes del alumnado. Desde una mirada que compromete lo actitudinal y lo cognoscente, aborda diferentes campos de ejercitación, que van desde las motivaciones hasta las habilidades.

En la consideración de que las motivaciones son el resorte para el aprendizaje, se comienza por ellas. La curiosidad está por naturaleza humana, ahora se trata de convertirla en motivación.

Se moviliza el recurso del canto, entendiendo que el cantar facilita aprender: cantar para hablar con la ayuda del ritmo. Asumiendo el desplazamiento y la orientación espacial para llegar al dominio de las operaciones de cálculo, la geometría y la resolución de problemas.

Se toma en cuenta el carácter concreto de los aprendizajes iniciales; abordándose la ejercitación desde este ángulo hacia lo representativo, a través de la imagen y finalmente de la palabra: primero que comprenda y que luego hable en situaciones y contextos reales de la vida diaria.

Si hace, tiene representaciones y recursos verbales, podrá desarrollar las habilidades cognitivas al inicio, con control externo y luego con autocontrol; para llegar finalmente a concebir criterios auto valorativos.

El desarrollo del lenguaje es externo y crea condiciones para la internalización del escrito. En este contexto ontogénico, se comprende que leer lleva a escribir.

A continuación, una mirada sobre el enfoque ontogénico y las diferentes áreas de mediación.

CAPÍTULO I: ENFOQUE ONTOGÉNICO

El aprender indica el camino a la mediación

El desarrollo de la psiquis tiene regularidades que se manifiestan en todas las personas. Se transita de la actividad sensoriomotriz, a la mediada por las representaciones y las palabras en un contexto de naturaleza social.

I. a.- El Desarrollo del Individuo en el Contexto Social

El desarrollo ontogénico[1] del ser humano, pasa por distintas etapas. Si a un menor le llama la atención el fuego y trata de alcanzarlo, sufre una quemadura. En tal caso, estamos en presencia de una experiencia propia, individual. Con el intercambio de la experiencia acumulada, no necesita introducir su mano en el fuego para saber que éste quema. De tal forma, vemos la comunicación como un medio necesario para la formación y desempeño de la persona en sociedad.

La actividad social conjunta demanda de la comunicación. En una situación concreta, dentro del mismo campo visual se generan las opciones que permiten que ocurra de

---

[1] La ontogénesis refiere al proceso evolutivo de un individuo dentro de una especie, es decir, a la ontogenia. Cuando se trata del proceso evolutivo de la especie se dice filogenia (nota del autor).

forma sincrética. Se genera una integración de los objetos y fenómenos con los medios activados durante la comunicación.

La comunicación por vía mímico gestual requiere de la visión y del contacto físico, mientras que por la vía sonora, se sobrepasa las limitaciones del contexto y las personas pueden comunicarse sin verse y tocarse.

La comunicación mímico gestual tiene su origen en el hacer conjunto, que moviliza las mismas extremidades, que se utilizan para la comunicación mímico gestual. En este caso, la persona debe hacer o comunicarse. La simultaneidad resulta una tarea compleja. Se habla o se comunica o se comunica o se habla.

La comunicación por medio del lenguaje hablado puede simultanear el hacer y el hablar, lo cual es favorecedor de los objetivos de ambas actividades: el hacer conjunto y la comunicación que se genera en el contexto de la solución de problemas comunes.

Se debe precisar, que las opciones comunicativas son tan diversas como las propias personas y sus particularidades de desarrollo. Esto ha llevado a que se cuenten con diferentes opciones de sistemas comunicacionales, que pueden configurarse de manera específica, como es el caso de la implementación de traductores sensoriales, para que los que no dominan el sistema de señales gestuales, puedan comunicarse con personas que no tienen el lenguaje oral.

Es factible la activación de sistemas combinados de símbolos como los pictogramas, dibujos, las propias grafías y palabras escritas y todas aquellas opciones que permitan la comunicación y el quehacer conjunto.

En mi consideración, no se trata ni de aumentar ni alternar los sistemas comunicacionales, simplemente se deben activar las opciones que así lo permitan; de la misma forma como ocurre en la integración de la comunicación, a través del lenguaje hablado, los gestos y las mímicas.

En el indicado contexto, los gestos y las mímicas actúan en calidad de marcadores semánticos de alto relieve, que incluso llegan a comunicar más, que las propias verbalizaciones y se configuran por medio de la descripción en el lenguaje verbal escrito.

Los sistemas comunicacionales se constituyen en vías para compartir experiencia, conservarla y enriquecerla de generación en generación. En este contexto, todas tienen lugar. No obstante, el lenguaje verbal es el sistema comunicacional más universal y de mayor vigencia en la dinámica evolutiva filogenia (especie) – ontogenia (individuo).

La caracterización más exacta en correspondencia con el pensamiento de la Psicología actual respecto a las funciones psíquicas se encuentra encerrada en las siguientes palabras de A. R. Luria:

"Las funciones psíquicas superiores del hombre, constituyen complejos procesos autorregulados, sociales por su origen; mediatizados por su estructura, conscientes y voluntarios por el modo de su funcionamiento." [2]

Sabemos que el individuo se apropia de toda la experiencia social; que, precisamente por el lenguaje, logra salir del campo limitado de lo sensorial, propio del mundo animal. El sujeto alcanza las formas más altas de regulación en el proceso comunicativo sobre la base de la interiorización del lenguaje.

La socialización, la actividad conjunta y el lenguaje implícito, son las premisas que hacen pasar la psiquis del ser humano a niveles superiores. Bajo la influencia del lenguaje, los procesos psíquicos se reorganizan y se someten a la fuerza reguladora ejercida por él, asumiendo un carácter mediato.

Es importante observar, que el desarrollo ocurre en un contexto de actividad social conjunta, donde se forman sus componentes afectivos y cognoscitivos. El contacto afectivo favorable, la comunicación emocional desde la fase prenatal y todo el amor, irradian seguridad hacia la persona y la inducen hacia la colaboración.

El querer hacer, lleva al hacer y al saber hacer. La ejecución implica operacionalidad y, por tanto, la asunción de vías óptimas de cognición en el tránsito de la manipulación del objeto, a la imagen y de ahí a la palabra. Ocurre desde la acción al verbo.

El niño o la niña, ejecuta y el adulto habla, luego habla sobre lo que ejecuta con el objeto o representación, para más tarde hablar de lo que hizo y luego hará. Es una evidencia de que el desarrollo es de naturaleza colaborativa y demanda aceptación mutua. Así, el querer hacer, lleva hacer. Los períodos de actividad y ejercitación aumentan y con ello la capacidad de trabajo y la organización de la atención.

La vida social se encuentra regulada por valores morales, éticos y legales formulados en palabras orales y escritas. En una sociedad, más que en otras, los registros son más relevantes en una forma u otra, pero en todos los casos, se opera en el código verbal. Es un resultado de la vigencia del lenguaje en toda vida social del ser humano. Obviar la posibilidad del dominio pleno de la lengua materna, es deprivar de cultura a la persona en desarrollo, erigiendo barreras de acceso al aprendizaje y a la participación.

La abstracción y la generalización son procesos del pensamiento. Abstraer, significa colocar en segundos planos lo irrelevante para que se pueda generalizar a partir de rasgos relevantes. Así se abstrae, por ejemplo, de las particularidades específicas de un árbol para generalizar que, independientemente de éstas, es en su esencia un árbol. Ambos procesos se apoyan en el desarrollo funcional de la palabra.

Así, podemos percatarnos de la importante función que desempeña la socialización y el lenguaje en la actividad psíquica general del ser humano. La base principal del desarrollo de los procesos psíquicos superiores la proporciona la experiencia social,

---

[2] A. R. Luria: Funciones corticales superiores en el hombre, pág. 34.

que se hace posible en el proceso comunicativo con la intervención directa del lenguaje. En igual medida, se puede hablar sobre el valor de éste, en el plano ontogénico.

El lenguaje del adulto influye sobre la actividad psíquica, llevándola a un nivel funcional más elevado. El dominio de todas las formas y manifestaciones del lenguaje, según las capacidades individuales, significa poseer el medio más poderoso del desarrollo intelectual del ser humano.

Se debe tener una visión amplia sobre el proceso de aprendizaje. El desarrollo psíquico de la persona no puede ser reducido a la simple acumulación de hábitos valorados en el marco del cumplimiento de rutinas lineales y automatizadas. Debe comprenderse como un quehacer social conjunto.

Semejantes puntos de vista hacen ver la enseñanza y la educación como una ejercitación en el proceso espontáneo de formación de los procesos psíquicos. De aquí, que en algunos casos, se tenga a la actividad educativa como un medio de aceleración en la formación de los procesos psíquicos y no como una actividad de naturaleza social con la finalidad de conservar y enriquecer la cultura.

Las funciones psíquicas superiores (lenguaje, pensamiento lógico verbal, memoria verbal; entre otras) se forman como resultado de la actividad social del individuo. Para que éstos puedan alcanzar la estructura funcional compleja que los caracteriza, necesitan de la interacción personal con el medio circundante (ambiente y cultura).

Así, por ejemplo, en el análisis sobre los cambios funcionales que sufre la palabra en el plano ontogénico, se puede constatar el paso de su función inicial referencial – objetal (perro, leche, niño, etc.), a la de significado (categorial: animales, alimentos, familia, etc.). Esto sólo es posible en sociedad.

Se puede señalar, que con estas variaciones cambia no sólo su estructura semántica, sino también el sistema de procesos psíquicos que está detrás de ella. En la función referencial - objetal, el papel principal lo desempeñan las sensaciones y los movimientos que realizan con los objetos. En la categorial, se revela con mayor intensidad los procesos de abstracción y generalización del pensamiento.

De forma general, se puede decir que en la medida en que se desarrolla el lenguaje, se hace posible también la realización de los procesos mentales de análisis y síntesis, abstracción y generalización y con ello, el desarrollo de las habilidades[3] en las relaciones contemplativas directas (manipulación de objetos), representativas (por medio de las imágenes de los objetos) y verbales como la descripción, la comparación y otras.

---

[3] Las habilidades están dadas por las acciones y operaciones que se realizan con los objetos. Pueden ser de naturaleza no verbal cuando se ejecuta con objetos o sus representaciones y verbal en el caso que sea mediante palabras (nota del autor).

La abstracción y la generalización conforman el aspecto operativo del pensamiento y tienen como fundamento los medios verbales. Las palabras representan una abstracción de la realidad y permiten la generalización, que constituye el pensamiento superior, específicamente humano y personal.

Con los cambios que se operan en el desarrollo del lenguaje, se transita desde el desempeño inicial de la función comunicativa hasta convertirse en el instrumento del pensamiento, con su consiguiente interiorización. El lenguaje añade a su función comunicativa la reguladora y la noética.[4]

En forma general, podemos decir que el lenguaje hablado, al igual que cualquier otro sistema de la misma naturaleza, utiliza los medios que brinda la lengua para propiciar la actividad verbal, que ha de expresarse en las correspondientes generaciones verbales; que persiguen el establecimiento de la comunicación en el contexto de otras actividades.

El proceso docente educativo, si bien se realiza con crecimiento relevante de diversos sistemas comunicacionales como el verbal, hay que tener presente que la razón está dentro de las actividades de aprendizaje conjuntos y cooperados. De las relaciones directas contemplativas, a las mediadas socialmente con la presencia del lenguaje.

En la consideración de que "lenguaje" implica todo código de comunicación que, ajustado a la diversidad del sujeto, le permite socializar e interactuar con el resto de las personas. Por consiguiente, se entiende cualquier código verbal que se pueda utilizar para mejorar o complementar la comunicación en el contexto de una actividad social.

No todas las personas están capacitadas de igual forma para desarrollarse durante el proceso de aprendizaje. Está en dependencia de las condiciones anatomo-fisiológicas y psicológicas personales, que determinan su formación en el límite social correspondiente.

Así, si estas condiciones se encuentran presentes en el individuo y éste es extraído del grupo, no tiene posibilidad de comunicación con las demás personas parlantes; entonces no se desarrolla el lenguaje, es decir, se ve afectada su capacidad de desarrollo verbal.

Es importante que tengamos en cuenta, que en el desarrollo se manifiestan rasgos universales que constituyen indicadores que dan cuenta que se está en condiciones de asimilar cualquier variante de cultura humana. El japonés, no habla japonés por ser japonés, sino por vivir en Japón. En tal caso, si un niño de padres japoneses se desarrolla desde sus primeros días de vida en Chile, hablará español con los rasgos característicos de la cultura chilena.

---

[4] Relativo al intelecto (nota del autor).

El niño o la niña manifiesta capacidades universales, pero la falta de estimulación en su medio específico de desarrollo provoca su debilitamiento. Por eso es importante que estimulemos esas potencialidades con la idea de facilitar el desarrollo. Hay que tener presente que la formación puede implicar ganancias, pero también pérdidas. No se puede obviar la estimulación, desde edades más tempranas, con una visión amplia de cultura humana. Facilitar aprendizajes sin precocidad y sin tardanza. El aprendizaje es con la colaboración social y debe ser oportuna.

Favorecer el desarrollo del lenguaje, no quiere decir que se le facilite un número de palabras que deben ser aprendidas de memoria. Cada palabra que aprende el niño o la niña debe tener bien fundamentada su base sensorial y motriz inicial. De no ser así, el resultado sería la formación de un verbalismo desprovisto de la realidad, sin respaldo en representaciones concretas de los matices que le conceden las sensaciones y representaciones obtenidas de los objetos y de los fenómenos del mundo circundante.

La palabra ha de avivar la huella de las sensaciones obtenidas anteriormente y, al mismo tiempo, proporcionar mucha más información que las sensaciones directas, al unir en sí las sensaciones propias de muchos objetos y fenómenos. Ha quedado planteado que han de estar presentes dos condiciones imprescindibles; las condiciones óptimas psico-anatomo-fisiológicas y las relaciones sociales colaborativas. Dicho de otro modo, la posibilidad de facilitar continuas interacciones entre factores personales (estructuras y funciones corporales) y factores contextuales (ambiente y cultura).

Así, en el contexto de la diversidad humana, se puede concluir que la psiquis se desarrolla bajo las mismas regularidades para todos y todas, donde se registra una periodización del desarrollo en el tránsito de las formas concretas a las abstractas, superiores que tienen un origen social.

Aprender implica mediación, actividad social conjunta que encuentra sus expresiones de autonomía en la autorregulación consciente y voluntaria durante la actividad cognoscente.

Los docentes interactúan con los aprendices, a través de significantes que tienen determinados significados y que, por la experiencia personal, denotan sentidos particulares. La labor pedagógica se encuentra en mediar para contribuir al logro de sentidos de vida sobre lo que se aprende (funcionalidad y pertinencia de los aprendizajes).

Se argumenta que el proceso de enseñanza se establece sobre la base de lo que el alumnado sabe y si lo que aprende es significativo, lo lleva a alcanzar un sentido propio de naturaleza experiencial. La funcionalidad y pertinencia cobran vida cuando se incorporan a los procesos de enseñanza y de aprendizaje los atributos ecológico y funcional.

I. b.- El Proceso Docente Educativo: Una Construcción Conjunta

Una enseñanza será pertinente cuando preceda y lleve al desarrollo, sin la imposición de modelos de desarrollo al aprendiz. Se trata de establecer qué fue de la persona sin una comunicación social pertinente, de definir qué es y más importante aún, qué será de sus aprendizajes con un apoyo pertinente.

Por lo tanto, el análisis se centra en el modo como se construye el conocimiento, en los criterios y las estrategias utilizadas, en los errores, es decir en los procesos y no en los resultados. Lo importante es el cambio del aprendiz con la colaboración integrada, colaborativa de los que lo rodean.

La capacidad intelectual no se expresa en poder ofrecer una respuesta de forma adecuada, sino en los procesos mentales que se implican. Cuando se tiende a excluir por medio de la medición, se llega incluso a relacionar de forma absoluta el resultado insuficiente con lesiones cerebrales; lo que manifiesta una posición fatalista frente a las potencialidades de desarrollo de un individuo, indistintamente de su diversidad funcional.

Cuando los programas de estudio se elaboran sin tener presente las potencialidades intelectuales del que aprende; se observa, por ejemplo, que las motivaciones por aprender están por debajo de lo previsto, como consecuencia de deficiencias estructurales de los propios programas. Resultan poco interesantes para el alumnado. Es decir, existen dos caminos que pueden llevar a la inhibición del desarrollo; el primero es ponerles exigencias más allá de sus posibilidades, el segundo es subestimarlos y exigirles menos de lo que realmente puede.

Estos desequilibrios, no son más que barreras de acceso al aprendizaje y la participación y en particular, aquellas que están directamente ligadas a las actitudes. El proceso educativo es formativo, de descubrimiento y redescubrimiento de valores sociales y desde las posiciones más humanas y consecuentes de la propia sociedad.

La formación social de la individualidad implica una coexistencia pertinente entre el grupo y la individualidad, a través de la comunicación. En el proceso de enseñanza y de aprendizaje, todos son protagonistas activos, colaborativos, que interactúan entre sí, bajo la búsqueda de un fin común en una convivencia de respeto y de naturaleza inclusiva de la diversidad de sus participantes. De ahí, su carácter dinámicamente recíproco.

El conocimiento sobre el desarrollo psíquico, los factores biológicos y psicológicos que lo facilitan, así como la comprensión de la importancia del medio social apropiado para su formación; permiten establecer las particularidades del desarrollo de la diversidad desde los primeros momentos de vida; su estimulación inicial. Al mismo tiempo que diferenciamos un estado del otro, podemos adentrarnos en el mundo de las necesidades educativas con un medio que, dentro de la Psicopedagogía, es un principio metodológico, es decir, el principio de la ontogénesis.

Por lo dicho anteriormente, también se comprende que los conocimientos obtenidos sobre el proceso de desarrollo; contribuyen al análisis correcto de las expresiones individuales de necesidades de apoyo, con una visión integral de formación de la persona.

Activar lo biológico, es asumir la responsabilidad mediadora de poner en marcha los beneficios sociales de la experiencia universal del ser humano, registrada a su favor en el código genético, no para interrumpir el proceso de adaptación, sino para facultarlo ante cualquier eventualidad de la vida social.

Es necesario oír el clamor ontogénico, que solicita contextos de aprendizajes oportunos a los momentos precisos de su manifestación, durante el desarrollo de la individualidad. Hay que dar paso a una pedagogía temprana y oportuna para que las potencialidades de desarrollo encuentren momentos pertinentes: enseñar y enseñar a tiempo, asumiendo la anticipación como una estrategia metodológica más.

Es importante aceptar, que el momento de diversidad manifiesta deseada, se registra desde la gestación y como pedagogos se debe asumir el reto de su atención. Este es un camino importante para que no tenga lugar la diversidad manifiesta no deseada cuando el inicio de la actividad escolar, por ejemplo, deviene en una fase difícil del desarrollo del niño o la niña. Es decir, expresión manifiesta de diversidad tardía.

No se trata de la adaptación pasiva y la sobrevivencia de la individualidad ante el mundo que enfrenta. Se trata por el contrario, de asumir la responsabilidad de mediadores para que el mundo social sea lo más representativo de la cultura humana desde su perspectiva histórica: socio – histórico – cultural.

Cada ser humano, es portador de semejanzas con sus antecesores de la especie humana y a su vez, tiene expresiones particulares de desarrollo. Ambas particularidades se deben tener en cuenta. La estimulación débil, desenfocada e inoportuna lleva a pérdidas de las potencialidades de desarrollo.

Prevenir para los educadores, no puede ser sinónimo de evitar los riesgos de la vida, sino crear condiciones para enfrentar los mismos, de modo que sean asumidos con grandes potencialidades de reorganización funcional por parte de los aprendices. De tal manera, prepararse para encarar el continuo que representa la transición vital y hacer frente a la incertidumbre.

¿Cómo pasar por alto, por ejemplo, lo que representa que una persona bilingüe sufra un daño cerebral y eso implique afasia en una lengua y la otra quede intacta? En este caso, se observa que para un mismo sistema funcional, se estructuran diferentes organizaciones cerebrales para cada lengua. Una evidencia de la influencia de los aprendizajes sociales en la movilización del sistema nervioso del individuo.

Así, por ejemplo, no es la misma organización cerebral del sistema funcional verbal de un polinesio que el de un occidental. Se constituye en una muestra de la influencia de las particularidades de la lengua materna en el desarrollo de la masa cefálica. Estas y muchas más, son evidencias relevantes de lo que implica el contexto social para la posible vida cultural del ser humano.

No hay un ejemplo más evidente de lo que son los aprendizajes tardíos que asumir el reto de aprender una segunda lengua siendo adultos. Es factible, pero con mayor esfuerzo y dedicación. Sin embargo, se registra la facilidad con que niños que crecen en comunidades multiculturales (para decirlo de alguna forma) en los primeros años de vida aprenden varios idiomas y sin que nadie los haga transitar por el drama de que hay que someterse a una enseñanza dirigida en espacios diseñados al efecto... Simplemente, aprenden jugando, interactuando, participando. Aquí, los apoyos naturales, se sobreponen por sobre los profesionales.

Se trata de un proyecto social que tome en cuenta la individualidad en su desarrollo bajo la concepción de que todas y todos pueden aprender y no hay límite en ello, a no ser el final del ciclo vital.

No se puede obviar la fuerza modificadora y selectiva del ser humano, que trasciende cualquier ámbito concreto para cesar en la idea de una simple interacción. Lo que ayer parecía inalcanzable, hoy puede ser una rutina.

En la ruptura con lo esquemático, es común encontrar a un no vidente ante un computador y un sordo ciego egresado de una carrera universitaria de alto rigor académico o simplemente, mover a gran velocidad sus piernas artificiales una persona con discapacidad física.

La vida social entregada de manera parcial a enaltecer una y no otras expresiones de cultura humana lleva a la segregación de otros y a la auto segregación y en ambos casos, se daña de igual manera la historia del ser humano en su visión universal.

La estimulación del desarrollo debe emitir un NO a las fronteras culturales. La aceptación simultánea del yo y del otro es el camino hacia la aceptación universal del ser humano.

Así se resumen tres vertientes relevantes del desarrollo de la psiquis del ser humano:

1. La visión ontogénica como modelo a seguir para enseñar a tiempo y del modo que se aprende
2. Relevancia (enriquecimiento) del contexto social para el desarrollo del individuo
3. El contexto de actividad para facilitar los aprendizajes

La atención a la diversidad desde la perspectiva de la necesidad de satisfacer las particularidades de desarrollo de las individualidades tiene que sustentarse en un modelo teórico que fundamente el acontecer del crecimiento personal. La observación de las regularidades evolutivas (**ontogénicas**) del desarrollo se constituye en modelo a seguir, pero asumiendo las expresiones individuales de formación de cada sujeto. No es de naturaleza impositiva, es sólo un referente para mediar en los aprendizajes de la diversidad de niñas, niños y jóvenes.

Desde la perspectiva de este enfoque, la enseñanza se orienta hacia el desarrollo alcanzable, hacia la generación de una actividad de naturaleza social y colaborativa, que debe ser **enriquecida** desde lo más universal de la cultura humana.

Aprender, se constituye en una tarea conjunta, compartida con otros; donde todos tienen la opción de aprender y de enseñar. El profesorado brinda el **contexto** y media para que se produzca el aprendizaje entre pares y al final, la opción de que todos los involucrados, incorporando a las familias y al propio docente, enseñan y aprenden.

Al final, la alternancia de roles se constituye en una expresión de reconocimiento de que siempre es posible saber algo que se pueda compartir y algo que se pueda aprender, teniendo en cuenta que los seres humanos aprenden durante toda su vida. La persistencia del aprendizaje en todas las personas, indistintamente de su diversidad, reivindica un tipo de Educación Permanente.

El contexto de aprendizaje es guiado por el o la docente, que asume que se parte de formas concretas de interacción hacia superiores de mayor complejidad. Es el tránsito, desde la experiencia inmediata hacia formas abstractas de desarrollo. La mediación para favorecer los aprendizajes lleva implícita la idea que precede al desarrollo.

L. S. Vygotsky[5] (1989), apuntó que las funciones psíquicas se manifiestan de dos formas. La primera en su forma interpsicológica y luego en la intrapsicológica. Lo que al principio es tarea de dos, luego pasa a ser tarea de uno. Al mismo tiempo, el aprendizaje crea el área del desarrollo potencial.

En la dinámica de desarrollo de la psiquis, se transita de las formas concretas de interacción, donde la actividad que realiza de forma conjunta con el adulto y sus pares se constituye en una convocatoria de relaciones interpersonales, donde los elementos presentes están vigentes de forma detallada, desplegada.

La actividad conjunta, genera una experiencia que cada vez tiene más un sentido propio, intrapersonal y abreviado, que implica procesos abstracción y generalización, lo que favorece que se generen mejores condiciones para seguir aprendiendo con mayor autonomía.

De tal manera, el aprendizaje es al inicio compartido, para que luego sea autónomo. Esta es la génesis del desarrollo psíquico superior. En ese sentido, se produce un tránsito que va desde niveles más regulados de forma externa, hasta llegar a la autonomía y el ejercicio de la libre determinación.

I. c.- La Mediación en el Proceso Formativo

La actividad formativa es de naturaleza social y se realiza de forma conjunta con los estudiantes participantes, así como con las factibles interacciones con otros docentes. Se expresa en las acciones y operaciones que se ejecutan de forma consciente, dirigidas

---

[5] Vygotsky L. S. Obras Completas. Tomo Cinco. Editorial Pueblo y Educación, pág.174.

al logro de un objetivo común. Manifiesta el quehacer para el cumplimiento de tareas grupales.

Un grupo de trabajadores, por ejemplo, involucrados en la construcción de un inmueble tiene un fin común, asumen interacciones sociales para articularse en la consecución de las tareas sucesivas; que llevan al logro de la meta trazada.

El proceso de mediación es una construcción conjunta que involucra a los actores educacionales y estudiantes. Son seres humanos con proyecciones, sentimientos, expectativas y niveles de desarrollo en general.

Un profesor y sus alumnos y alumnas establecen relaciones sociales en el proceso de construcción del conocimiento. El objeto que los aglutina es la cultura humana y las metas sucesivas están en vínculo con la conservación, transferencia y enriquecimiento de esta.

La fuerza que favorece alcanzar las metas está en el quehacer social conjunto, donde el proceso de actividad, sus productos parciales y finales configuran las proyecciones espirituales de los participantes, sus sentidos personales expresados en las relaciones interpersonales.

Todos los involucrados, van a desempeñar determinados roles para hacer posible la apropiación de la herencia sociocultural, con especificidades propias de los campos del conocimiento; como es el caso de la Educación Universitaria.

Ello, debe tener lugar no desde una estructura jerárquica, sino en un ámbito compartido de activismo de los participantes, orientados a que se conserve y enriquezca la cultura humana. Se trata de una apropiación productiva y creativa de la herencia socio-histórico-cultural. Fenómeno que se observa cada vez más impregnado de dinamismo, por el rápido crecimiento del conocimiento humano.

A. N. Leontiev (1986) puntualizó que el progreso histórico es sumamente rápido y requiere de cambios en el modo en que se media en los aprendizajes de los estudiantes. Lo que en el plano biológico ocurre muy lentamente en el social es de forma más acelerada.

H. Maturana hace referencia a la evolución ontogénica de los seres vivos cuando dice:

"Las transformaciones históricas de los seres vivos es la trama de su existencia como seres históricos, donde el cambio estructural ontogénico de un ser vivo en un medio será siempre una deriva estructural congruente entre el ser vivo y el medio"[6].

Se deben entender estas palabras no desde una postura adaptativa, sino ubicarla en el marco de la apropiación activa de la cultura humana, que finalmente genera un salto

---

[6]https://pildorasocial.files.wordpress.com/2013/10/autores_humberto-maturana-francisco-varela-el-arbol-del-conocimiento.pdf, pág.68.

evolutivo que en la filogenia es de lenta connotación y de baja vigencia en el desarrollo de la persona en particular. Así, el autor puntualiza que:

"La conciencia y lo mental pertenecen al dominio de acoplamiento social y es allí donde se da su dinámica. También desde allí lo mental y la conciencia operan como selectores del camino que sigue nuestra deriva estructural ontogénica".[7]

Ello devela de manera relevante la importancia de la actividad social conjunta en el crecimiento de las individualidades. Este es el camino de la mediación, pero con pertinencia formativa.

Al respecto, de forma ilustrativa, P. N. Gruzdev (1949) subrayaba que a menudo la enseñanza en vez de contribuir al desarrollo de las capacidades intelectuales las sofoca, lo que ocurre ante posturas dogmáticas y autoritarias por parte de los docentes. Se puede observar como los paradigmas apresan los modos de pensar y actuar, dando paso a la negación de todo lo que se considere opuesto. Los profesores terminan siendo poseídos por los paradigmas en lugar de poseerlos. Aquí se conforma el freno, que limita la libertad para generar cambios y la mejora continua del servicio educacional.

En medio de ello, se comprende que este compartimiento de experiencia es desde el ser y el pensar de manera consecuente con la sociedad y la naturaleza en general, es decir que los cambios tengan presente el sentido de pertenencia por todos y el entorno. Además, en el entendido que no es la enseñanza y los métodos que se aplican, ni las posturas taxonómicas que se puedan implementar para el logro de determinados resultados de aprendizaje lo que lleva el peso esencial de lo que facilita el desarrollo. Su principal premisa se encuentra en la aceptación mutua durante el proceso formativo. Al respecto indica H. Maturana precisa:

"A este acto de ampliar nuestro dominio cognoscitivo reflexivo, que siempre implica una experiencia novedosa, podemos llegar ya sea porque razonamos hacia ello, o bien, y más directamente porque alguna circunstancia nos lleva a mirar al otro como un igual, en un acto que habitualmente llamamos de amor. Pero, más aún, esto mismo permite darnos cuenta de que el amor o, si no queremos usar una palabra tan fuerte, la aceptación del otro junto a uno en la convivencia, es el fundamento biológico del fenómeno social: sin amor, sin aceptación del otro junto a uno no hay socialización, y sin socialización no hay humanidad"[8]

"Cuando decimos que amar educa, lo que decimos es que el amar como espacio que acogemos al otro, que lo dejamos aparecer, en el que escuchamos lo que dice

---

[7] Idem anterior. Pág. 154.
[8] Idem anterior. Pág. 163.

sin negarlo desde un prejuicio, supuesto, o teoría, se va a transformar en la educación que nosotros queremos. Como una persona que reflexiona, pregunta, que es autónoma, que decide por sí misma"[9], sostuvo H. Maturana.

De tal manera el proceso formativo es una convocatoria al desarrollo desde el ser para hacer y no de forma inversa. Por tanto, es compresible que respete el sentido de la mediación desde actitudes, conocimientos y habilidades.

Al observar los aportes de R. Marzano (2008) en relación con los dominios del conocimiento, se constata la relevancia de las actitudes ante el estudio, como un atributo de todo nivel de complejidad en que tenga lugar el aprendizaje. En el segundo nivel, precisa la incidencia de la planeación y el monitoreo, recalcando la relevancia de la organización del proceso de cognición. En referencia al tercer nivel, se precisa que comprende el paso del recordar, al comprender para alcanzar el análisis y su utilización.

En términos universales del crecimiento humano, se está diciendo que el conocimiento transita de lo concreto a lo abstracto y de nuevo a la práctica, ya en una dimensión creativa de mayor envergadura. De tal manera, cada proceso mental opera en el anterior (enfoque ontogénico). En conceptualización de A. R. Luria (1977):

"Las funciones psíquicas superiores del hombre, constituyen complejos procesos autorregulados, sociales por su origen, mediatizados por su estructura, conscientes y voluntarios por el modo de funcionamiento".[10]

En la medida que se transita a niveles más elevados de desarrollo, las funciones psíquicas superiores crecen en relevancia; facilitándose la autovaloración y la autoevaluación.

Por tal razón, se asume la necesidad de contar con los perfiles actitudinales y cognoscentes de los estudiantes y que comprendan el ser y el saber hacer, teniendo presente el contexto social de origen.

La primera aplicabilidad, debe encontrarse en poder acercarse a los grupos y a cada uno de los estudiantes, asumiendo sus características actitudinales y cognoscentes, así como sociodemográficas para la activación de los mecanismos institucionales; que permiten el diseño de la estrategia de mediación. Entendiéndose por la misma, como todas las opciones de atención cultural, deportiva, de salud y otras que se encuentran diseñadas para ello; sobreentendiéndose la naturaleza multidimensional inherente al ser humano.

---

[9] Fuente: http://culto.latercera.com/2017/03/23/maturana-la-humanidad-los-ninos-los-mayores/

[10] A.R. Luria Las Funciones Corticales Superiores en el Hombre. Editorial Moskovski Universitet, Moscú. 1977. Pág. 34.

Un ejemplo, desde el punto de vista docente, es tener en cuenta lo que considera un estudiante que le favorece más aprender: estudiar de forma independiente, de manera grupal, con desplazamiento, etc. Ya solo esta variable, permite al docente formar grupos de trabajo con la activación diferenciada de los estudiantes participantes, desde la primera actividad formativa. En otras palabras, aplicar adecuaciones de acceso al aprendizaje, la que en este caso, sería adecuar las formas de agrupación.

El reconocimiento de la postura vocacional del estudiante orienta de manera oportuna con respecto al campo del conocimiento que se configura como relevante para el estudiante y consecuencia, la asunción de actividades que ayuden a consolidarla. Así como los gustos y aptitudes en relación con las artes y el deporte fundamentan las acciones de extensión deportiva y cultural al interior de la institución formativa.

El desarrollo de las habilidades verbales que tienen alta frecuencia en la comunicación docente como son describir, comparar, definir y otras, necesitan de una claridad metacognitiva de parte de profesores y estudiantes. La idea, es que no se presenten obstáculos durante la interacción, bajo un entendido común del significado de estas. Además, para tener en cuenta la relación entre las habilidades para favorecer el desarrollo cognoscente desde posturas accesibles.

Ya J. Piaget (1947) indicaba que una operación lógica generalizada existe y funciona como parte de un sistema de operaciones, lo que precisa la relevancia de la sistematización del desarrollo de las habilidades mentales. Lo que de manera reiterada queda demostrado en investigaciones que presentan la relación entre aprendizaje y desarrollo. Es decir, una laguna desde el punto de vista ontogénico en el desarrollo de las habilidades se convierte en una limitante en el proceso de aprendizaje activo y por descubrimiento.

De tal manera, la comprensión de nuevos modos de razonamiento acontece en el tránsito, de las formas concretas de interacción cognoscente a las representativas y verbales. Ello exige de una postura analítica evolutiva del desarrollo de la psiquis.

En esta dirección apunto L. S. Vygotsky (1986) cuando enfatizó en la necesidad de que el aprendizaje debe ser congruente con el nivel de desarrollo, configurando de este modo, la concepción de nivel de desarrollo alcanzado y la capacidad potencial. Lo que una persona es capaz de hacer de forma autónoma y con determinados niveles de ayuda, establece el potencial formativo. Por ello, es importante que se pueda constatar cómo se asimila la ayuda durante la solución de tareas.

También, se debe considerar que la resolución de problemas se vincula a determinados contextos. Al respecto L. S. Vygotsky, indica que lo que una persona es capaz de realizar en una medición de una figura geométrica, no es indicativo de que lo haga de forma exitosa con otra.

Ello obliga a pensar en que toda caracterización del desarrollo debe realizarse en determinados contextos. Se puntualiza que el mejoramiento de una función o actividad específica del intelecto influye sobre el desarrollo de otras funciones y actividades, sólo cuando tienen elementos comunes; los que deben irse configurando en la arquitectura del proceso formativo.

La organización y planificación de las actividades, así como la determinación de los indicadores de lo que se realiza facilita la implementación de la coevaluación, autoevaluación y autovaloración en el cumplimiento de tareas en contextos de colaboración y cooperación[11].

Se entiende que no se procede de inmediato a ejecutar, es la antesala de la ejecución, de la implementación de vías y estrategias para la solución de problemas. Así que es relevante la motivación por la actividad a realizar, orientarse para implementar vías de solución y aplicar mecanismos de retroalimentación sobre el proceso y sus resultados.

En todas las actividades de mediación se manifiestan las actitudes y las operatorias cognoscentes. De tal manera como ocurre la solución de cualquier problema o tarea. Cuando P.Y. Galperin (1995) hace referencia en la resolución de problemas, indica como premisa que se esté motivado, que se precisen las variables presentes que llevan a la fundamentación de las vías de solución y finalmente, se proceda a su implementación; lo que debe ocurrir bajo el control sistemático del proceso y del resultado. A partir de esta mirada, en este texto se hace referencia a los componentes de actividad de aprendizaje. Se le añade el poder ejecutarla en el tiempo sin que baje la calidad, que le resulta inherente, es decir la capacidad de trabajo.

I. d.- Componentes de la Actividad de Mediación

La actividad de mediación formativa, tanto social como individual, comprende componentes que estimulan la realización, el diseño estrategias, su implementación con control de su calidad, durante tiempos determinados. Los Componentes de la actividad son:

- Inductor (lo que impulsa a realizarla)
- Operacional (lo que denota la vía de ejecución)
- Organizacional (lo que se programa y se somete a retroalimentación)
- Energético (lo que permite el hacer en tiempo manteniendo la calidad)

I. d. 1.- El Componente Inductor

A decir de F. González (1995) la función esencial de la mediación en los aprendizajes del estudiantado es la comunicación y no la enseñanza, en su sentido literal y con ello, resalta el rol educativo del proceso formativo.

---

[11] En este libro, se hace referencia a integración del proceso formativo por parte de profesores y profesionales asistentes de la educación por medio de la palabra colaboración. Al trabajo integrado de los estudiantes se denomina cooperación (nota del autor).

La inducción hacia la actividad de estudio se constituye en una premisa del hacer efectivo. Para ello, se toman en cuenta las expectativas generales de los que participan en ella, las motivaciones que movilizan hacia la ejecución conjunta. Profundiza al respecto al indicar:

"Cuando la persona se comunica por motivos externos al proceso comunicativo, persiguiendo objetivos absolutamente personales, la comunicación pierde valor emocional y por tanto capacidad estimuladora para el desarrollo de los implicados"[12]

Se trata de relaciones personales donde la enseñanza, no devela en si misma el desarrollo humano. La comunicación profesor – profesor, profesor – estudiante; estudiante – estudiante, se perfila con mayor relevancia que el método y en cualquier caso, éste debe intencionarse desde la cooperación y la plena aceptación del otro.

De tal manera, el proceso docente se impregna de las expectativas de los implicados:

Tabla 1.- **Expectativas Sobre la Actividad Formativa**

Docentes	Estudiantes
Querer enseñar	Querer aprender
Demostrar valores humanos en el quehacer docente, asumiendo una postura de aceptación y compromiso con los aprendizajes de los estudiantes	Demostrar una postura de aceptación y compromiso ante el docente y compañeros de estudios
Denotar dominio del estado del arte de la ciencia en cuestión y la aplicación de vías metodológicas facilitadoras del aprendizaje cooperado de los estudiantes	Cumplir de forma activa y contextos cooperados con las tareas propias de los procesos de aprendizaje

---

[12]González F. Comunicación Personalidad y Desarrollo, pág. 7.

Las expectativas expresan la percepción que se tiene sobre lo que corresponde asumir y que configura lo que se espera ocurra. Lo que a su vez quedará expresado en la medida que provocará satisfacción, por lo que se plantea como meta a cumplir.

El proceso formativo alcanza sentido cuando docentes y estudiantes se articulan, desde una mirada de aceptación mutua y en conocimiento sobre las potencialidades para alcanzar las metas trazadas.

Tabla 2.- **Disposición Hacia la Construcción Conjunta del Conocimiento**

Docentes	Estudiantes
Disposición a Colaborar	Disposición a cooperar
Contribuir a esclarecer y enriquecer el campo del conocimiento en contextos activo-participativos	Comprender el campo de estudio y sus proyecciones desde una perspectiva de trabajo cooperado
Generar contextos formativos que lleven a la resolución de problemas, desde la ciencia y la técnica por medio de la colaboración	Aplicar vías y métodos para resolver problemas de la ciencia y la técnica en contextos cooperados

El hacer conjunto de los docentes, en un clima emocional favorable a la gestión de los aprendizajes de forma colaborativa, incentivando a través de la implementación de metodologías activo – participativas, facilita el aprendizaje cooperado entre los estudiantes desde sus motivaciones. Donde se conjugan las motivaciones de docentes y estudiantes.

Tabla 3.- **Motivación Ante la Actividad de Estudio**

Docentes	Estudiantes
Diversificar las opciones de mediación	Asumir posturas proactivas en los aprendizajes
Demostrar motivaciones intrínsecas y extrínsecas durante el proceso de enseñanza	Demostrar motivaciones intrínsecas y extrínsecas ante la actividad de aprendizaje

La curiosidad es inherente al desarrollo desde temprana edad. Se quiere interactuar con todo lo que se encuentra alrededor. Se manifiesta como un deseo espontáneo de indagación, que puede devenir en motivaciones para seguir explorando.

En este contexto, afloran las emociones vinculadas a las propias vivencias. Con el devenir, se consolidan los sentimientos en calidad de disposición emocional con respecto a sí mismo y al entorno. La actividad social conjunta, se impregna de emociones y sentimientos que se reflejaran en la disposición a relacionarse, trabajar de forma conjunta en un clima favorable a los aprendizajes.

De acá, que se manifiesten las motivaciones como evidencias de impulsos a la acción, donde los participantes deben tener motivaciones intrínsecas y extrínsecas. Las primeras vinculadas a la satisfacción de necesidades espirituales, que emanan desde el yo interno y las segundas, fruto de la necesidad de responder a requerimientos externos.

I. d. 2.- El Componente Operacional

El componente operacional, comprende las vías que facilitan la cognición: las habilidades sensoriomotrices, representativas y verbales que se aplican durante la resolución de problemas. Se evidencia en el tránsito de la aplicación del ensayo y el error en la solución de problemas, a través de la implicación creciente de los procesos mentales de análisis y síntesis, de abstracción y generalización.

Se adoptan posturas que reflejan los métodos inductivos y deductivos de cognición. Lo que quedará expresado en la sólida interacción entre teoría y práctica en la aprehensión de la cultura humana. La formación de conceptos puede ser a través de los métodos: inductivo (de lo concreto a lo general) y deductivo (de lo general a lo particular).

Una premisa importante para el desarrollo de las habilidades verbales es el nivel de formación perceptual alcanzado en la interacción práctica, que lleve a la representación mental de los objetos y fenómenos para que las palabras den cuentan de la formación de sentidos personales.

Se debe considerar el grado de complejidad del objeto en cuanto a sus características externas e internas. El tránsito, por ejemplo, de la habilidad de describir con la presencia del objeto de forma total, la disminución paulatina de sus características hasta llegar a su ejecución sin la presencia del objeto. Para ello, es relevante que se cuente con un desarrollo del lenguaje comprensivo y expresivo.

Se trata de un permanente acercamiento a la esencialidad de los objetos y fenómenos, lo que queda registrado como evidencia del desarrollo en los conceptos y su evolución histórica.

El dominio conceptual, permite su conjugación para la exposición de juicios, con la finalidad de fundamentar la conformidad o veracidad de ideas de forma argumentada. Ello refleja solidez del conocimiento e interiorización consciente de cualidades, valores y formas de conducta. Lleva implícita la toma de posición e implica indicar las razones, el porqué de una postura u otra.

De tal manera, la ejercitación cognoscitiva se constituye en un viaje permanente hacia la esencialidad. De la contemplación directa del mundo circundante a su representación mental, denominación y posterior categorización; para expresar su relevancia, a través de la aplicación en las condiciones cambiantes de la práctica.

La formación de representaciones sobre el mundo circundante a partir de las propias vivencias, a través de la experimentación activa y consciente que lleve hacia la determinación de los rasgos esenciales; que se constituyen en la base de la formación de los conceptos.

La búsqueda de la información, a través del análisis y la síntesis constituye una vía para asumir diferentes puntos de vista sobre un mismo fenómeno. Ello brinda la opción de observar el estado del arte en las ciencias. Se estimula la reflexión y se hace factible adoptar posturas sobre la base de criterios fundados, el razonamiento lógico y la generación de dudas sobre aspectos no resueltos a través de la investigación aplicada. De tal manera, se conciben nuevos problemas científicos.

En esencia, el componente operacional implica la asunción e implementación de las vías y estrategias que se conciben e implementan en la resolución de problemas.

I. d. 3.- Componente de Retroalimentación

El proceso cognitivo en su operatoria como proceso y como resultado final, moviliza la habilidad para el control de las acciones y operaciones que se realizan. Implica estabilidad y distribución de la atención.

La resolución de problemas demanda mecanismos de retroalimentación, que implican formas externas de control en las relaciones interpsicológicas, para que luego ocurra con autonomía en el plano intrapsicológico: autocontrol. Ello exige una organización precisa de las actividades a desarrollar, su plan de acción con los pasos comprendidos durante la ejecución

El control, debe tener lugar sobre el proceso y el resultado; para que ocurra de igual forma durante el autocontrol. Este puede darse a través de modelos, criterios y exigencias. Así, por ejemplo en la etapa de instauración de las habilidades, el apoyo externo se hace relevante, ya que el aprendiz involucrado en la ejecución de las acciones necesita de una guía permanente.

Como ya se indicó, el que pueda ejecutarse una acción en un contexto no es indicador de que se pueda hacer en otro y con otro objeto. Necesita de apoyos que modelen el accionar en busca de la ejecución autónoma y autocontrolada. De un máximo de apoyo externo a una reducción paulatina del mismo, hasta lograr la total autonomía en la autoevaluación del accionar personal.

 La heteroevaluación de procesos y resultados sobre la base de indicadores o pautas claras, permiten observar logros y limitaciones, y con ello, transitar de la valoración externa a la autovaloración. Esta se forma sobre la base del control y correlaciona los resultados obtenidos con las exigencias de la tarea.

El desarrollo de la autovaloración permite la generación de una mirada autocrítica sobre los procesos y resultados. Se conjuga de manera adecuada la proposición de metas y aspiraciones con las condiciones previas para sus logros.

La cooperación entre estudiantes durante los aprendizajes promueve el control y el autocontrol, como vía para el desarrollo de la autoevaluación y la autovaloración.

Proposición y aspiración de logros con autoconciencia, contribuye a la armonía entre las necesidades, capacidades y desarrollo cognoscente alcanzado; facilita asumir de manera consciente las posibilidades y limitaciones en correspondencia con las inducciones, emociones y estados afectivos en general del aprendiz.

I. d. 4.- Componente Energético

El querer hacer, lleva a hacer bajo un plan de acción organizado y con mecanismos de retroalimentación que exigen de energía para poder accionar en el tiempo, es decir capacidad de trabajo.

Una adecuada alimentación, la ejecución sistemática de ejercicios físicos y la presencia de un entorno higiénico, permiten que la actividad pueda realizarse durante tiempos más prolongados. De lo contrario, tendrá lugar la fatiga que trae consigo los errores. Lo que se sabe hacer, termina ejecutándose de forma imprecisa.

En síntesis, se trata de conjugar los aspectos siguientes de los componentes de la actividad de mediación:

- Disposición para adquirir nuevos conocimientos por sí mismo
- Separar lo esencial de lo complementario, operar en lo fundamental e implementar vías que faciliten la resolución de problemas
- Contar con mecanismos de control y autovaloración
- Disponer de capacidad energética para ejecutar tareas con calidad, evitando que el cansancio provoque errores

En general, ante cualquier expresión de diversidad hay que ubicarse en la génesis de las particularidades de desarrollo y se expresarán de la forma siguiente:

- El aprendiz, se induce de forma positiva hacia la actividad conjunta, sabe hacer, cuenta con energía para ejecutar las tareas y se retroalimenta sobre lo que hace (expresión óptima de comportamiento durante los aprendizajes)
- El aprendiz, se induce de forma positiva hacia la actividad conjunta, sabe hacer, y se retroalimenta sobre lo que hace, pero se agota con facilidad (expresión de falta de una adecuada nutrición y ejercitación física y mental para el logro de un buen desempeño durante los aprendizajes)
- El aprendiz, se induce de forma positiva hacia la actividad conjunta, sabe hacer, cuenta con energía para ejecutar las tareas, pero se distrae con facilidad (expresión de necesidad de apoyos en el componente de retroalimentación de la actividad de aprendizaje)
- El aprendiz, se induce de forma positiva hacia la actividad conjunta, cuenta con energía para ejecutar las tareas, se retroalimenta sobre lo que hace, cuenta con energía para ejecutar, pero presenta limitaciones para orientarse y aplicar las vías y métodos para solucionar problemas (expresión de requerimientos de apoyos en el componente operacional de la actividad de aprendizaje)

- El aprendiz, se orienta y aplica las vías y métodos para solucionar problemas, cuenta con energía para ejecutar las tareas, se retroalimenta sobre lo que hace, pero presenta limitaciones motivacionales en relación con el desarrollo de la actividad conjunta (expresión de requerimientos de apoyos en el componente inductor de la actividad de aprendizaje)

Se puede observar, que las particularidades de desarrollo, presentadas de este modo, logran alcanzar un predominio de aspectos positivos sobre los negativos. Se constituye en un enfoque de potencialidad para la generación de apoyos, que faciliten los aprendizajes.

La génesis de las expresiones de requerimientos de apoyo puede estar en un componente y luego, su ausencia, su incidencia tardía o inadecuada orientación, agudiza la problemática en los aprendizajes y lleva a la generación de cadenas negativas de desarrollo. Por ejemplo, el aprendiz no se induce favorablemente hacia la actividad de estudio (requerimiento de apoyo de naturaleza inmediata en el componente inductor), deja de ejercitarse y con la progresión en los aprendizajes, puede limitarse la operatoria ante la solución de problemas más complejos (requerimiento de apoyo de naturaleza mediata, como consecuencia de la particularidad indicada en el componente inductor).

En este mismo tenor, las limitaciones acumuladas llevan a que las necesidades de apoyo se manifiesten en todos los componentes de la actividad de aprendizaje. El diagnóstico y caracterización de las particularidades de desarrollo de la individualidad deben determinar el componente de la actividad de aprendizaje que requiere apoyo inmediato por encontrase en la génesis de todos lo que deben ser concebidos e implementados. El apoyo inmediato permite generar condiciones para evitar dichas cadenas de reacciones negativas. Es lo que se concibe como pedagogía preventiva.

Si los efectos inmediatos tuvieron lugar, los mediatos son consecuencias de la ausencia de los apoyos requeridos, durante los aprendizajes de la individualidad. La práctica demuestra que en todos los casos, lo más observable son las manifestaciones de naturaleza afectiva, expresadas en las motivaciones y las insuficiencias emocionales. Es necesario profundizar en el análisis de la estructura de desarrollo para brindar apoyos pertinentes a las expresiones de diversidad de los aprendices.

Al efecto de comprender las particularidades relacionadas con la inducción hacia la actividad de estudio se presentan en el siguiente capítulo.

CAPÍTULO II: INDUCCIÓN HACIA LA ACTIVIDAD CONJUNTA

La curiosidad está, ahora convirtámosla en motivación

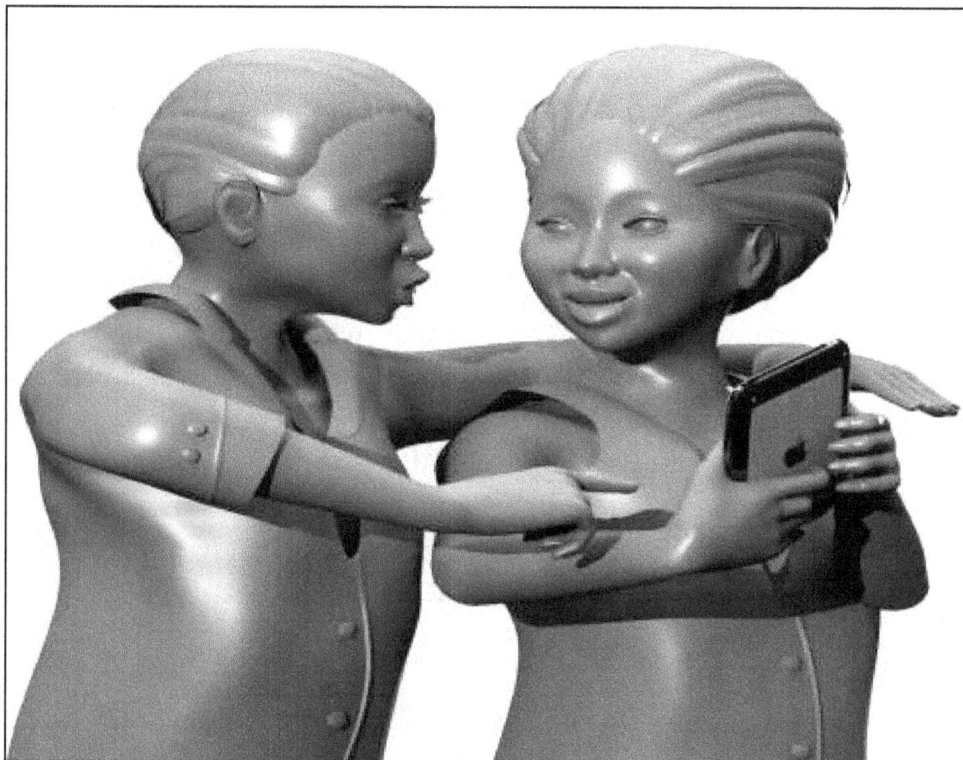

La inducción hacia la actividad se constituye en impulso hacia el hacer efectivo. Ello implica, la necesidad de generar una actitud positiva sobre lo que se aprende: querer y saber que se puede hacer.

Se trata de desarrollar una actitud favorable hacia lo que se aprende y la aplicación dirigida, y luego autónoma de acciones y operaciones (habilidades) durante la solución de problemas. Evidenciar la necesidad de saber en vínculo con la práctica cotidiana.

II. a.- Las Emociones

Todas las actividades que se realicen deben transcurrir en un ambiente agradable, provocar sensación de bienestar, agrado, respeto; mostrar sentimientos de aceptación y complacencia ante las formas de ejecución de las tareas, actividades, evaluaciones y los resultados que se obtienen. En particular, el contacto visual y el físico constituyen aspectos de alta relevancia. El afecto se demuestra, a través de una expresión positiva en el rostro, una palmada en el hombro, un abrazo afectuoso, etc.

Las actividades para estimular las reacciones afectivas tienen como objetivo desarrollar las sensaciones de aceptación desde y hacia los demás. Por ejemplo, cuando el niño o la niña guarda silencio, en edad temprana, sonreírle, decirle palabras cariñosas y agradables, tocarle suavemente el contorno de la boca con el dedo, hacerle suavemente cosquillas en el vientre, sonreírle en respuesta a su sonrisa, besarlo, cargarlo, etc. Además, se recuerda, que las sensaciones musicales y rítmicas favorecen la comunicación.

Las emociones, se reflejan con todos los medios verbales y paraverbales. Están implícitas en la comunicación de forma permanente. La pose corporal, la expresión del rostro sin tensiones acompañado de una mirada de aceptación y una sonrisa que devela sensación de felicidad facilita el hacer conjunto.

En edades posteriores, la sensación de poder contar con tiempo para dialogar con el otro, expresar inquietudes, vivencias es en extremo relevante para expresar las emociones.

El proceso formativo, es conjunto y comparte deberes y derechos. Es necesario asumir con sentido de responsabilidad el análisis de impacto de la enseñanza, tomando en cuenta la propia percepción de los estudiantes al respecto. A su vez, retroalimentar con indicadores preciso los resultados de aprendizaje de los estudiantes.

Las emociones y los estados de ánimo impregnan las relaciones sociales. Es tan relevante lo que se dice, como se dice, cuando y donde. La democratización del proceso de enseñanza promueve la aceptación mutua en contexto de responsabilidad compartida, lo que lleva implícito la consolidación de los valores que asume la institución formadora.

El sentirse aceptado, reconocido con sus virtudes y defectos, favorece las relaciones de las personas implicadas en el cumplimiento de metas que son comunes, como es el caso de las relaciones entre docentes y estudiantes.

Lleno de buenas intenciones, se pueden cometer errores que lleven a la frustración de los participantes. Esto sucede, cuando se parte de supuestos dominios de aprendizajes previos, se etiqueta a la persona por sus orígenes sociales, género, capacidad intelectual y otras.

Conocer las particularidades actitudinales – cognoscentes y sociodemográficas de los estudiantes, es premisa para adecuar el proceso formativo. Al mismo tiempo, tomar conciencia de que el dominio disciplinar de un campo determinado del conocimiento, no es suficiente para mediar en los aprendizajes de la diversidad de estudiantes. También es necesario contar con formación psicopedagógica para que se logre la mediación activa del estudiante durante los aprendizajes.

Al referirse a las particularidades de un profesor universitario Monereo C. (2014), enfatiza en que debe lograr que aprendan de forma clara y significativa, con sentimientos de seguridad, coherencia y motivación por el ejercicio docente. No se trata de enseñar como se aprendió, por el contrario asumir como otros aprenden en contextos cambiantes y cada vez más diversos.

En el proceso de aprendizaje, se comparten sentidos de vidas, percepciones sobre lo que acontece en el entorno. No es un proceso impositivo, por el contrario, una construcción conjunta que se sumerge en un mundo de contradicciones y convergencias, que deben tener en común la generación de un clima de emociones positivas.

En el centro de las diferentes actividades a realizar, se encuentra la premisa de formar y estimular el componente motivacional de la actividad a desarrollar. Por esto, todo intento de relacionarse y comunicarse es válido y como tal, hay que darlo a entender, siempre dentro de la ética y los valores. Se les da apertura a las intenciones comunicativas en general y a la verbal en particular.

II. b.- Las Motivaciones

La motivación es premisa para que el alumnado se induzca de forma favorable hacia los aprendizajes. El ingreso al centro de estudio, no se constituye en un indicador de que la motivación se manifieste en función de los aprendizajes. Con ella se entretejen las expectativas que genera realizar uno u otro estudio, en vínculo con el desarrollo y adopción de posturas vocacionales.

Las actividades educativas y formativas deben llamar la atención, despertar el interés, resultar accesibles por su complejidad. Al efecto, se debe partir con orientaciones claras y precisas en un contexto comunicacional que favorezca la recepción de la información. En particular, construir la interacción desde intereses comunes en un ambiente grato. La actitud favorable hacia lo que se aprende depende de:

- Las condiciones del entorno: lugar, temperatura, pertinencia del mobiliario a la actividad de estudio, así como de los medios didácticos que se utilizan
- El fortalecimiento que genere el resultado de los aprendizajes, al enfatizar en la sensación de logro. Tener presente, que a mayor motivación por hacer algo se produce mayor frustración cuando no se logra hacerlo. El contexto de aprendizaje debe favorecer el logro de la meta planteada. Evitar frecuentes frustraciones vinculadas al no logro de tareas, ya que genera baja autoestima
- Predicar con el modo de actuar y de resolver problemas, y así aportar modelos de comportamiento que se constituyan en guías a seguir

Una actitud favorable durante los aprendizajes, acompañada de logros en el hacer fortalece la autoestima. De tal manera, se forma la creencia de que se puede, se alcanza seguridad en las habilidades desarrolladas. Ello implica sentirse capaz, orientarse adecuadamente y resolver los problemas planteados durante los aprendizajes en contextos cambiantes y cada vez más complejos.

Aprender no es sinónimo de sufrimiento, se debe orientar hacia la sensación del placer, al estilo del juego o de un baile. Es importante que se pueda tener conciencia de las limitaciones y las metas a cumplir para la mejora continua. Se necesita un cambio de actitud hacia los aprendizajes:

- Aprender no debe implicar sufrimiento
- Es necesario creer que se puede
- La convocatoria debe ser desde el pensar con sentimientos, observando las posibilidades del aprendiz y sus necesidades de apoyo
- La orientación hacia el logro de metas debe evitar ejercitaciones prolongadas y que provoquen aburrimiento. En este sentido, las metas planteadas deben ser mensurables, con sustento en un conocimiento pleno, por parte del docente, de las potencialidades de sus estudiantes
- Favorecer la autovaloración, a través de la evaluación, coevaluación y la autoevaluación. Al efecto, es importante fijar indicadores de logros que resulten accesibles al aprendiz
- Evitar la reiteración de contenidos que resultan frustrantes. Observar la pertinencia del objetivo, la diversificación de los métodos y otros aspectos ajustables, que pueden favorecer el logro del desarrollo de las habilidades planteadas. Un contenido abordado desde su utilidad y puesto a prueba en la vida cotidiana otorga significado a las experiencias de aprendizaje

El seguimiento que se realiza al proceso de aprendizaje, indica que los mejores logros se acompañan de estabilidad y crecimiento motivacional de naturaleza intrínseca. En la medida que se motivan más por aprender y no sólo por obtener buenas calificaciones, es una muestra de crecimiento personal y de un accionar coherente de la comunidad educativa, con respecto al alumnado.

Las bajas motivaciones y el predominio de las de naturaleza extrínseca, expresan rechazo al proceso de estudio, pasando por estados fóbicos con respecto a asignaturas e incluso, llegando a la deserción. Dicho fenómeno, se observa, por ejemplo, en asignaturas que han sido consideradas poco deseadas.

Esto es absolutamente modificable cuando el método de enseñanza favorece el desarrollo de la motivación intrínseca. Es factible y es necesario romper esos mitos y las posturas parciales en los análisis sobre este tema. Aquí, vuelven a sobresalir los atributos propios del enfoque ecológico – funcional. Lo que se aprende es aplicable y encuentra opciones prácticas para su implementación.

La inducción hacia la actividad de estudio se materializa en el hacer, comprendido dentro del componente operacional y que demanda un estado físico que lo permita y que en particular se expresa cuando se respira sin tensiones.

CAPÍTULO III: RESPIRACIÓN Y RELAJACIÓN

Con energía y sin tensiones

Por un lado, la respiración es un acto reflejo y se efectúa sin la participación consciente de la persona, se cumple con ello su función fisiológica principal, es decir, el intercambio de gases. Por otra parte, se trata de un proceso dirigible, sobre todo cuando está en relación con el habla. La respiración verbal, exige de una ejercitación especial para lograr su control de forma voluntaria.

La función respiratoria correctamente instaurada, es una condición en extremo fundamental para el equilibrio del organismo y el logro de la función psíquica en que se incluye el sistema funcional verbal. La adecuada respiración contribuye a la obtención de una voz sonora, flexible y limpia de ruidos, colorida y variable.

La relajación, favorece eliminar las tensiones musculares y el logro de un equilibrio emocional en articulación con la respiración.

III. a.- Respiración

La respiración fisiológica es de naturaleza involuntaria, se realiza a través de las fosas nasales, tanto en la inspiración como en la espiración. Ello facilita la limpieza del aire inspirado en sus paredes, al quedar retenidas y luego expulsadas en la siguiente espiración, lo que no ocurre por vía bucal. Además se logra atemperar el aire con la temperatura del cuerpo.

En el caso de la respiración vinculada al acto verbal, la espiración es por vía bucal y puede presentarse la inspiración bucal en el uso de la voz profesional, limitaciones anatómicas o inadecuados hábitos respiratorios.

El objetivo que se persigue es implementar la respiración diafragmo-costal en vínculo con estados de relajación. Se precisa que manifiesta de manera natural en postura horizontal y en particular al dormir.

Actividad: La forma más asequible de instauración es la horizontal. Se solicita descansar la mano en el abdomen, dando paso a la espiración del aire con la sensación de dejar sostenida una hoja en el aire. Luego, se procede a inspirar, tal cual sucede cuando llenamos suavemente un globo. La mano subirá lentamente durante la inspiración y descenderá durante la espiración: inspiración - pausa - espiración (nasal - nasal). Se amplía la respiración con la activación de la zona media pulmonar. De igual manera se coloca la mano en el tórax en la operatoria toma de aire, pausa y espiración.

Con mayor ejercitación es factible incorporar la respiración clavicular para ampliar su capacidad. Se sugiere seguir el siguiente orden: diafragmática, torácica y finalmente clavicular. Luego de la pausa, espiración clavicular, abdominal y finalmente diafragmática.

Por otra parte, la ejercitación se vuelve monótona si la realizamos de una forma mecánica, para evitarlo, es preciso velar por mantener la motivación hacia la ejercitación, fundamentalmente cuando se trabaja con niños y niñas. Recomendamos por ello, que los ejercicios se realicen en forma de juego, sin perder de vista el doble objetivo que deben perseguir: lograr el control respiratorio y mantener su carácter involuntario. Por ejemplo, hacer competir a varias personas en la siguiente situación: ganará el que haga volar las mariposas más alto (o durante más tiempo). Se le presentan mariposas de papel o cartulina, de diferentes colores, colgadas con hilo o cordel fino, de una varilla de madera.

Ejercicios para el desarrollo de la respiración, ejemplos:

- Representamos lo que hacemos todos los días: nos despertamos, nos estiramos (inspiración y espiración), saltamos de la cama y nos dirigimos hacia la ventana y sentimos el aire fresco (inspiración), dejemos salir el aire (espiración), luego vemos un macetero con flores en el borde de la ventana, nos acercamos, olemos (inspiración y espiración), y por último, nos sentamos en la silla (inspiración y espiración)

- Soplar una vela suavemente, moviendo la llama en distintas direcciones, soplar una pelota de ping pong, hacer pompas de jabón, soplar el líquido de un recipiente a través de un pitillo (bombilla, absorbente, pajilla), confeccionar una pequeña cancha de fútbol como juego de mesa y jugar, soplando la pelota de plumavit en dirección a la portería

En general, se realizan ejercicios como los siguientes:

- Diferenciación de la respiración bucal y nasal con conteo externo: inspiración (1, 2, 3) pausa – 1, 2, 3 y 4...Y luego con emisiones verbales:
    - Inspiración nasal - pausa - espiración nasal
    - Inspiración nasal - pausa - espiración bucal sin sonoridad
    - Inspiración nasal - pausa - espiración con vocalizaciones y conteos
    Se busca consolidar la salida fluida del aire espirado y su dosificación para lograr una adecuada técnica de habla desde el punto de vista del uso de la energía para pronunciar y la consecución de una voz limpia de ruidos
- Masticación amplia natural sonora:
    - Masticación amplia ascendente
    - Masticación amplia descendente
    - Masticación combinando las anteriores
    Fortalece la musculatura articulatoria y vinculada a la vocalización

III. b.- Relajación

Se orienta a eliminar las tensiones musculares y lograr un equilibrio emocional adecuado en las personas.

Con este fin, puede ser utilizada con resultados positivos la relajación, a través de la ejercitación autosugestión, la cual permite lograr el relajamiento de los músculos, alcanzando un tono muscular apropiado para la realización de movimientos generales y finos. De igual manera, contribuye a la instauración de la respiración diafragmática. En general, con esta ejercitación se logra el equilibrio corporal óptimo y la eliminación de las tensiones de la zona de la cara, cuello, tórax y extremidades.

Puede comenzarse la aplicación de esta ejercitación de la forma siguiente:

- En posición erguida y luego sentada, se trabaja la eliminación de las tensiones de la frente, ojos, nariz, labios, lengua, pómulos, labios, cuello, tórax, espalda y extremidades. Para esto, se realizan movimientos libres, suaves, "desprendidos", espontáneos, en todas las direcciones posibles. Estos movimientos, debiesen ser vinculados a alguna representación de actividades como por ejemplo: desprendimiento de gotas de agua de las manos al sacudirlas; el movimiento de las alas de los pájaros durante el vuelo; patear con suavidad una pelota imaginaria, etcétera. A continuación, se pasa a la de sentado. En esta posición, se debe lograr una sensación de comodidad y libertad en los movimientos

Cuando es factible la realización de movimientos voluntarios de las diferentes zonas señaladas, es relevante provocar la sensación de tensión muscular y luego relajar lentamente los músculos. Es factible fijar la atención en la postura donde se alcanza la máxima tensión. Por ejemplo:

- Cerrar fuertemente los ojos y luego abrirlos con lentitud y suavidad
- Sonreírse ampliamente y luego soltar los labios con lentitud y suavidad

Se puede también generar movimientos sin tensiones:

- Entrecerrar y abrir suavemente los ojos
- La lengua se mueve, llevándola ligeramente hacia diferentes posiciones. La mandíbula inferior se libera, pudiendo quedar la boca ligeramente entreabierta, de considerarse la posición más cómoda

La relajación, debe ir acompañada de representaciones agradables, de esparcimiento, bienestar, por ejemplo, un paseo por el campo, bajo un sol agradable, el verdor circundante y el aire puro; la sensación de placidez en la playa con el agua ligeramente tibia. Todo es tranquilidad y bienestar.

Cuando una persona logra visualizar situaciones agradables, evoca sensaciones positivas y alcanza un alto nivel de concentración ante estas se registran variaciones somáticas que así lo indican. Por ejemplo, el ritmo respiratorio se torna más pausado, el parpadeo de los ojos disminuye, etc.

Todas estas instrucciones en relación con la posición que debe adoptar el individuo y lo que debe pensar para sentirse relajado, se irán dando por otra persona en la etapa inicial de trabajo, es decir, que la relajación se logrará por acompañamiento verbal externo. El individuo, debe ir interiorizando las consignas, de forma tal que el acompañamiento verbal, se hace interno en la medida que resulte asequible el ejercicio. De esa forma, se hace posible la autosugestión.

Se aclara, que en el proceso de emisión verbal, siempre se produce determinado nivel de tensión muscular debido a que la persona vive y siente lo que habla. En sus palabras, van implícitas sus emociones y sentimientos, por ello es lógico que todo su organismo está en función de lo que habla, precisamente por esto es necesario lograr que se desplacen las tensiones de las zonas corporales que están vinculadas al acto verbal o que son colindantes.

A continuación, se presentan otros ejemplos de cómo proceder con la relajación: Las personas formadas en un semicírculo, de forma tal que sus pies queden apoyados completamente en el piso, ligeramente separados. La espalda puede quedar descansada en el respaldo del asiento y los brazos colgando a lo largo del mismo (no debe tener brazos). Otra posible posición, es con el cuerpo ligeramente inclinado hacia adelante y los brazos apoyándose en los muslos de manera que las manos queden con una pequeña separación entre ellas. La cabeza se inclina suavemente hacia abajo.

Una vez colocados en esta posición de relajación, se procede, por parte del facilitador a dar las instrucciones. Si se está trabajando con una o varias personas, se les habla de la forma siguiente: "piensen que estamos en un parque jugando y después de un rato nos cansamos mucho, entonces nos acostamos en la yerba y cerramos los ojos para descansar y estamos así, tranquilos, con mucho sueño descansando. Hay un aire fresco y nosotros estamos relajados, descansando y todo el cuerpo está suave, cansado. Las piernas están suaves, cansadas, los brazos están suaves, la cabeza pesa, está cansada, estamos descansando, relajados, sobre la yerba, en el campo, con un aire fresco. Todo el cuerpo está muy relajado y descansado".

En el caso de personas con buen desarrollo verbal, es factible incluir consignas verbales de mayor complejidad, teniendo en cuenta el nivel cultural de las mismas. Por ejemplo: "estoy tranquilo, hay una gran quietud, placidez, el día es apacible, siento un gran relajo, todo está en calma, en silencio repetimos...".

Se precisa que cuando nos comunicamos, las tensiones musculares no se deben evitar, simplemente aprender a desplazarlas hacia alguna parte del cuerpo, como por ejemplo, a una mano, pie, etc. Se siente lo que se dice, se imprime sentimientos a las palabras, para que se facilite la recepción de las ideas generados mediante enunciados verbales. A su vez, hay activismo durante el proceso de comprensión de lo que se comunica.

Esto es posible, haciendo actividades como las anteriores. Por ejemplo, hacer competir a varias personas en la siguiente situación: se le presentan mariposas de papel o cartulina, de diferentes colores, colgadas con hilo o cordel fino, de una varilla de madera. Ganará el que haga volar las mariposas más alto (o durante más tiempo). Ello implicará la realización de movimientos lentos, rítmicos y amplios, lo que se refleja en el propio cuerpo del que ejecuta. Otra actividad, pudiera ser el desarrollo de partidos de fútbol sobre mesa, donde los jugadores soplan una pelota de ping pong para hacer las jugadas.

Esto es posible, haciendo actividades como las anteriores. Por ejemplo, hacer competir a varias personas en la siguiente situación: se le presentan mariposas de papel o cartulina, de diferentes colores, colgadas con hilo o cordel fino, de una varilla de madera. Ganará el que haga volar las mariposas más alto (o durante más tiempo). Ello implicará la realización de movimientos lentos, rítmicos y amplios, lo que se refleja en el propio cuerpo del que ejecuta. Otra actividad, pudiera ser el desarrollo de partidos de fútbol sobre mesa, donde los jugadores soplan una pelota de ping pong para hacer las jugadas.

Las personas que tienen conciencia de su respiración pueden regularla, evitando las tensiones que limitan la actividad motriz.

CAPÍTULO IV: MOTRICIDAD GENERAL Y FINA

Si se mueve, aprende

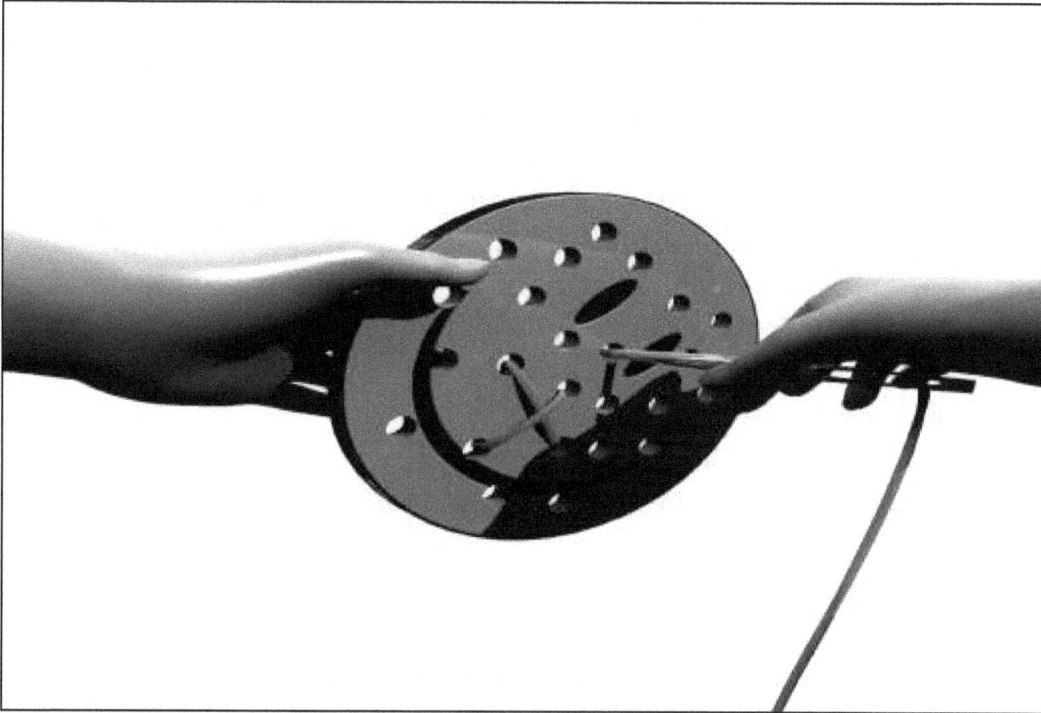

El desarrollo de la motricidad general y fina permite la interacción cognoscitiva con el entorno. Ello implica fuerza y precisión de los movimientos, así como su coordinación y orientación en el espacio.

IV. a.- Motricidad General

El desarrollo general, se concreta en la ejercitación de la motricidad de las extremidades inferiores y superiores. Ésta, tiene como objetivo desarrollar la movilidad de las piernas, brazos y articulaciones.

IV. a. 1.- Actividades Motrices por Partes Corporales

- **Cuello:**

  - Flexión y extensión
  - Rotación
  - Flexión lateral del cuello tratando de tocar el hombro izquierdo y luego el derecho

- **Control cefálico y giro de la cabeza entre 90º y 180º:**

  - Levantar, sostener y girar la cabeza en distintas direcciones en posición decúbito ventral o dorsal. Es importante alternar ambas posiciones, permitiendo la exploración de diferentes objetos, elementos y personas que lo circundan
  - Tomar los hombros, brazos o manos y se tira con suavidad hacia uno, hasta lograr que la cabeza se despegue de la superficie a unos 90º de sus caderas y piernas para posteriormente, llevarlo a la posición inicial
  - En la medida que se avanza en el ejercicio anterior, tomar por los hombros o brazos a la persona, llevándola suavemente hacia atrás

- **Espalda:**

  - Aleteo lateral de los brazos estirados
  - Balance paralelo de los brazos
  - Cruce de los brazos doblados por delante y por detrás del cuerpo

- **Hombros:**

  - Movimientos giratorios con las manos sobre los respectivos hombros
  - Movimientos de balanzas con los brazos estirados hacia los laterales del cuerpo
  - Con brazos relajados y sueltos, trazar círculos hacia delante y hacia atrás

- **Codos:**

  - Flexión y extensión
  - Extender el brazo hacia el lado y con el antebrazo dar vueltas como si fuera hélice de aeroplano, comenzando lento con un brazo primero y luego con el otro. Aumentar la velocidad del movimiento poco a poco

- **Brazos:**

  - Levantar el pecho apoyándose en los brazos, estando acostado decúbito abdominal
  - Rodar, alternando desde la posición de decúbito lateral a decúbito dorsal
  - Acostado, alcanzar un objeto con una mano, elevando el cuerpo con el otro brazo apoyado en el suelo y viceversa

- **Tronco:**

  - Rotación del tronco
  - Flexión y extensión del tronco hacia el frente y a los lados
  - Flexión y extensión del tronco hacia delante sentado
  - En posición erecta, estirar el pie izquierdo hacia un lado hasta que toque el suelo con la punta. Luego levantar el brazo derecho hacia un lado en línea recta a su pierna estirada, alargar la mano como si se quisiera tocar el techo. Continuar alargando la mano y a su vez tratar de levantar el pie izquierdo del suelo. Realizar lo mismo con el otro pie

- **Rodillas:**

  - Flexión y extensión de las rodillas
  - Rotación de las rodillas
  - Pedaleo (despacio – rápido)

- **Tobillos:**

  - Dorsiflexión plantar (se busca reducir el ángulo entre el pie y la pierna, los dedos del pie se acercan a la espinilla)
  - Rotación del tobillo

- **Dedos de los pies:**

  - Flexión y extensión de los pies
  - Apresar pelotas u otros objetos con los pies
  - Saltar en punta de pie, primero en ambos y luego en uno

IV. a. 2.- Desplazamiento

El desplazamiento implica arrastrado, luego gateo y mantención de postura para finalmente lograr movimientos de traslación sobre las extremidades inferiores.

- **Arrastrado:**

  - Arrastrarse en diferentes direcciones, manifestando dominio gradual de la coordinación entre brazos y piernas. Ej.: brazo derecho - pierna izquierda, brazo izquierdo - pierna derecha

- **Gateo:**

  - Adoptar postura de gateo
  - Gatear y perfeccionar el dominio y control de movimientos

- **Postura:**

  - Sentarse con apoyo palmar
  - Pararse con apoyo y luego sin apoyo
  - Sentarse conservando la espalda en línea recta
  - Parado, mantener postura en línea recta contra la pared

- **Desplazamiento sobre extremidades inferiores:**

  - Adoptar postura corporal vertical, dando pasos con seguridad creciente, demostrando mayor control de la coordinación motriz y del equilibrio
  - Moverse de un lugar a otro con aumento paulatino de la distancia y la disminución de los apoyos externos auxiliares: barandas, manos del adulto u otros
  - Caminar en distintas direcciones, esquivando obstáculos y variando velocidad, según particularidades del entorno
  - Combinar diversos movimientos y posturas durante el desplazamiento
  - Orientación en relación con personas y objetos localizados en contextos cada vez más variados.
  - Coordinación de los grandes grupos musculares, adoptando y sosteniendo control postural, equilibrio (estático y dinámico), lateralidad, relajación, comunicación y expresividad gestual, saltos, desplazamientos, etc.
  - Realizar una amplia variedad de actividades corporales, que exigen sostenido control dinámico, de la coordinación y del equilibrio, por períodos de tiempo cada vez mayores
  - Correr a diferentes velocidades, sorteando obstáculos
  - Desempeñar distintas acciones que exigen rapidez y fuerza
  - Potenciar la orientación espacial y movilidad, sobre la base de desplazamientos autónomos en múltiples contextos
  - Controlar movimientos de su propio cuerpo para operar eficazmente diversos objetos, según contextos de participación

IV. b.- Motricidad Fina

La motricidad fina implica la realización coordinada de movimientos pequeños que demandan precisión:

- **Dedos de la mano:**

  - Flexión y extensión
  - Separar los dedos de la mano entre sí
  - Acercar los dedos entre sí
  - Caminar con los dedos, como si las manos fueran arañas
  - Sostener objetos de diferentes volúmenes, formas, etc.
  - Cerrar y abrir la mano
  - Hacer palmadas
  - Dedos de las manos en espejo se cierran y se abren sucesivamente
  - Dedo pulgar contacta uno a uno desde el meñique y luego desde el índice
  - Ensartado
  - Ejercer presión sobre distintos objetos, con la palma y todos los dedos de la mano
  - Mover dedos señalados con los dedos entrecruzados con apoyo sensorial (cuando son tocados por el facilitador), por imitación refleja (mueve el mismo dedo que mueve el facilitador) y con las manos entrecruzadas desde posiciones laterales invertidas, se sigue la misma rutina anterior. Ejemplos:

    - Ejercitación con entrecruce frecuente:

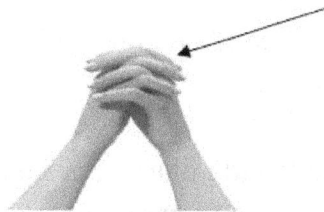

- La misma ejercitación, pero de mayor complejidad cuando el entrecruce no es el habitual (posiciones laterales invertidas):

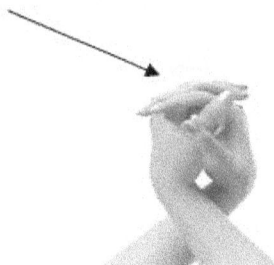

- **Manos:**

  - Manipular objetos pequeños, con progresiva precisión
  - Empujar, tirar y lanzar distintos objetos
  - Trasladar distintos objetos entre los brazos
  - Realizar movimientos de la mano sobre superficies: en la arena, sobre figuras talladas y en el aire de forma espontánea y por imitación. Luego, se hace lo mismo con una varilla con disminución paulatina de su grosor, hasta llegar al trazado con un lápiz
  - Realizar acciones con herramientas o medios para explorar y resolver problemas simples. Emplea herramientas y objetos con una finalidad. Ej.: goma de borrar, lápices, pinceles, tijeras, teclados, agujas, etc.
  - Realizar ejercicios manuales con lápices para escribir, dibujar y pintar, orientándose espacialmente y, ejerciendo adecuada presión sobre el papel, cartulina u otros materiales
  - Ejecutar acciones coordinadas con ambas manos, desempeñando acciones diferentes con el mismo objetivo. Ejemplo: con una mano alcanza un frasco y con la otra su tapa
  - Ejecutar actividades de la vida diaria. Ej.: Abotonar – desabotonar, atar – desatar, sostener y manipular diferentes herramientas, medios y equipos, escribir, dibujar, abrir y cerrar muebles u otros artefactos, Utilizar adecuadamente los utensilios para la alimentación y otros

- **Muñecas:**

  - Flexión y extensión de las muñecas
  - Rotar las muñecas

- Extender los brazos hacia los dedos, doblarlos para que queden suspendidos por los codos, manos relajadas y sueltas; agitarlas en todas direcciones

- **Órganos fonoarticulatorios:**

  - Coordinación de los movimientos de succión, respiración y deglución vinculados a la alimentación

- **Maxilar:**

  - Abrir y cerrar la boca
  - Mantener la boca abierta un lapso determinado de tiempo o irla cerrando lentamente (con conteo)
  - Movimiento de comer de forma exagerada
  - Movimiento de la mandíbula hacia un lado y hacia otro
  - Bostezo

- **Paladar:**

  - Bostezo
  - Emisión en ataque del sonido /K/
  - Emisión en ataque del sonido /P/

- **Labios:**

  - Sonrisa forzada
  - Proyección de los labios hacia fuera y hacia adentro
  - Expulsión de aire con los labios cerrados
  - Morder el labio inferior con los incisivos superiores
  - Presionar con los labios: una pluma, lápiz
  - Movimientos de comer con los labios en posición de "u"
  - Vibraciones labiales

Se pueden realizar movimientos de extensión y proyección de los labios (pico de pato) con ayuda mecánica, por ejemplo, con los dedos índice y pulgar se presiona desde las mejillas hacia delante y hacia atrás los labios, estimular lanzar besos, sacar por imitación la lengua y mantención de las poses obtenidas, etc.

Realización de movimientos de extensión y proyección de los labios con ayuda. De ser necesario, pueden ejecutarse con apoyo externo, utilizando algún medio propicio, por ejemplo, con los dedos índice y pulgar presionar desde las mejillas hacia delante y hacia atrás los labios.

- **Lengua:**

    - Movimientos linguales: llevar la lengua en diferentes direcciones
    - Mantener la lengua tranquila dentro de la boca
    - Tocar con la punta de la lengua los dientes y lanzarla hacia fuera
    - Limpiarse los labios con la lengua
    - Sacar la lengua de diferentes formas: de manera frecuente,
    en forma de cucurucho u otra
    - Llevar la lengua arriba y abajo dentro de la boca
    - Limpiarse las encías superiores e inferiores con la punta
    de la lengua
    - Llevar la lengua desde atrás, barriendo el cielo de la boca
    - Dar golpecitos con la punta de la lengua en el cielo de la boca
    - Tocarse las mejillas por dentro con la punta de la lengua

La ejercitación lingual debe ser de dos formas: pasiva y activa. La ejercitación pasiva comprende un conjunto de movimientos en los que el sujeto no tiene que realizar esfuerzo alguno. Se manipula directamente sobre la lengua o se utiliza algún medio como el depresor lingual o la espátula

La ejercitación activa implica movimientos linguales cortos y rápidos, tendientes a lograr la flexibilidad de este órgano, que sean firmes y marcados; dirigidos a la búsqueda de poses y mantención de ellas durante tiempos controlados

- **Ejercitación del gorjeo y balbuceo y las emisiones onomatopéyicas:**

La estimulación del gorjeo, balbuceo y las emisiones onomatopéyicas, se concreta en el reforzamiento de su presencia. Cuando se produzcan juegos vocálicos o repeticiones de sílabas con insistencia, acérquesele y colóquese frente a él o ella para repetir como un eco sus emisiones, demostrando agrado, comprensión y satisfacción.

Si todavía no combina consonantes y vocales, se puede propiciar que se produzcan estos sonidos cuando se le habla, mientras realiza las actividades cotidianas de cuidado: la alimentación, el baño, el cambio de pañales, etc. Si dice vocales aisladas, se repiten.

Al emitir la vocal "u" pronunciándola fuertemente se coloca la mano de la persona en su garganta para que sienta las vibraciones. Puede hacer lo mismo con las vocales "o", "a". y después con "e", "i".

Se imitan los ruidos que se producen al introducir las manos en el agua, la caída del jabón u otro objeto, etc. Siempre se trata de que sean las mismas emisiones, como las representativas de los sucesos para contribuir a la estabilidad de su asociación. El mundo debe ser sonoro. Se debe vivir dentro del sonido, para luego incitar a su reproducción.

De tal manera, todas las emisiones deben ser reforzadas con repeticiones y, a su vez, se muestran sentimientos de disfrute y aceptación de estas. No se obliga a repetir. Se repiten sus emisiones y es probable que él o ella también lo haga.

La actividad motriz verbal, se encuentra íntimamente relacionada con su recepción y procesamiento por la vía auditiva y apoyo visual, lo que se comprende en el siguiente capítulo.[13]

---

[13] En personas con discapacidad auditiva, la vía visual es altamente relevante para la lectura de labios (nota del autor).

CAPÍTULO V: OÍDO TONAL, DISCRIMINACIÓN AUDITIVA Y FLUIDEZ VERBAL

El que canta, luego habla

El desarrollo de la audición comprende el oído tonal, el fonemático, el ritmo y la fluidez verbal.

V. a.- Actividad Auditiva

La vigencia del oído tonal en el desarrollo del individuo se manifiesta desde temprana edad, lo cual se refleja en la relevancia de la musicalidad y el ritmo en la comunicación con el adulto. Luego, con la asimilación de la lengua materna, se forma la audición fonemática que permite la discriminación de los fonemas en el idioma español. En aquellas lenguas en que el oído tonal esté vigente, como es el chino, vietnamita y otros, desempeña su función como diferenciador semántico de la palabra.

Es evidente que la estimulación del oído tonal y la audición fonemática permiten una mayor movilización de capacidades que se harán relevantes con la asunción de diferentes lenguas. No obstante, lo esencial se expresa en la posibilidad de movilizar con mayor amplitud el sistema nervioso y evitar con ello, que se pierda la oportunidad de activar los logros de la cultura humana, manifiestos en la individualidad.

La presencia de la función psíquica es indicadora de un sustrato cerebral que la hace posible. Al mismo tiempo, la movilización funcional implica más probabilidades para asimilar diferentes expresiones culturales, en este caso idiomáticas.

Se conoce que el oído tonal y el fonemático no tienen la misma organización cerebral. Esta cuestión resulta paradójica, ya que ambas funciones siendo similares, se establecen sobre la base de estructuras funcionales diferentes, y, por tanto, zonas del cerebro que son movilizadas o no, según la relevancia que alcancen durante la estimulación social.

Estamos indicando que, a mayor amplitud cultural en el proceso de socialización, más serán las potencialidades del sistema nervioso que se movilizarán y como tal el desarrollo será más rico. En sentido contrario, de no procederse a esta estimulación, tendrá lugar la pérdida de la capacidad. Los valores potenciales funcionales, no serán activados. Un ejemplo de ello es la mayor frecuencia de personas con oído absoluto, referido a la habilidad de identificar tonos aislados, en países donde la lengua materna es de naturaleza tonal.

Las capacidades intelectuales humanas, son múltiples y de igual modo, debe ser la estimulación social. Cuando estamos en presencia de sistemas nerviosos más movilizados, por ejemplo, se encuentran personas con mayores posibilidades de reestructuración de los sistemas funcionales en caso de lesiones cerebrales.

Destacamos en calidad de ejemplo, los casos de recuperación espontánea en disfasias en personas bilingües (L. S. Vygotsky, A. R. Luria y otros). Incluso pueden ser disfásicos en una lengua y la otra conservarla en estado funcional óptimo. A su vez, es un indicador de que para cada lengua se ha establecido un sistema funcional cerebral de manera particular, lo que al mismo tiempo revela mayor incorporación funcional del sustrato cerebral.

De esta manera, es factible argumentar la importancia de establecer un sistema de estimulación, que sobrepase los límites estrechos de la socialización e instrumentar un proceso pedagógico, que comience desde edades más tempranas y que tenga en cuenta los logros de la especie; evidenciados en la evolución de las individualidades. De aquí, que entendamos la estimulación temprana y el enriquecimiento cultural de los contextos, como las vías más efectivas de la pedagogía preventiva.

La mejor forma de prevenir es potenciar el desarrollo. En este orden, afirmamos que la potenciación está dada por la movilización de los recursos filogénicos manifiestos en la ontogenia, a través de un proceso de culturización que sea de mayor amplitud que el marco social cotidiano.

V. a. 1.- Oído Tonal

El desarrollo del oído tonal concreta su objetivo en la estimulación acústica del mundo sonoro. Cuando el sujeto esté en estado de vigilia, produzca ruidos con cualquier objeto: sonajero de bebé, trozos de madera, campanas, etc. cerca del piso o incluso contra el piso.

Se procura comenzar, con sonidos ya conocidos para que resulte más fácil localizarlos, desde esta perspectiva se toman en cuenta los contextos y los medios que se utilicen durante la ejercitación. Si el niño o la niña no localiza la fuente del sonido, se dirige su cabeza en dirección al mismo.

- **Ejercitación en contextos naturales:**

  - Se debe comenzar la ejercitación con las sonoridades de la naturaleza. Por ejemplo, a través de un paseo por el bosque (una plaza, parque, campo, etc.). Se aprovecha la oportunidad para grabar los sonidos, luego repetirlos en otros contextos. Se ubica a la persona en la dirección de donde provienen las emisiones para que relacionarlas con los que las producen: ramas batidas por el viento, cantos de pájaros, el agua al correr por el riachuelo, etc.
  - En el bosque se tiene la oportunidad de invitarlo a producir sonoridades a partir del contacto de un palo contra otro palo; el palo contra la tierra, el palo contra la piedra, la piedra contra otra piedra, etc.

- **Ejercitación con juguetes:**

  - De igual forma que en la ejercitación anterior, se realiza con los juguetes: sonajeros, campanas, etc., Pueden ser movimientos en el aire, contra el piso o colchón (según donde se encuentre ubicado) o contra otro objeto
  - Luego, se ejercita la búsqueda del objeto que produce el sonido. Se comienza con aquellos que han sido mejor fijados. Esto contribuye significativamente al desarrollo de la orientación espacial
  - Si la persona no tiende a localizar la fuente del sonido, se inclina su cabeza en la dirección de origen. A continuación se pasa a introducir nuevos sonidos. La ayuda se va retirando poco a poco en la medida que las respuestas tiendan a ser favorables

En general, el desarrollo de la atención y la percepción auditiva se puede lograr en forma de juego. Se utilizan como medios fundamentales los juguetes que suenan. Se debe ubicar la dirección del sonido, encontrar el objeto por el mismo, reproducirlo y se tratará de que el niño o la niña relacione el juguete con la sonoridad que emite (un tambor, silbato, corneta, pito, etc.).

Para lograrlo, se colocan los juguetes al frente para favorecer la manipulación, la familiarización con sus propiedades y los sonidos que emiten. En el momento que los sostiene en sus manos y se producen las sonorizaciones, a él o ella llegan por vía cinestésica las vibraciones generadas.

Luego de haberse formado el interés hacia los objetos y sonidos que los identifican y establecida la relación sonido – objeto, el mediador pide al niño o a la niña que se ponga de espalda; sin que lo observe hace sonar uno de los objetos y pregunta cuál fue. Si no lo logra identificar, se indica el correcto y se repite el ejercicio.

Además, se realizan sesiones de audición de música clásica, popular, cantos de la madre, etc. Es decir, mantenerlo en interacción con expresiones musicales. Esta ejercitación se puede iniciar desde el embarazo.

La identificación y diferenciación se ejecuta a partir de sonorizaciones de un alto nivel de asequibilidad y luego se va haciendo de mayor complejidad. Se va, por ejemplo, de la identificación del sonido producido por un silbato hasta el producido por los fósforos al moverse dentro de su caja.

El sonido que identifica el objeto, resulta ser un peldaño inicial para pasar a la formación de la relación objeto – palabra.

V. a. 2.- Oído Fonemático

El desarrollo del lenguaje impresivo auditivo persigue el objetivo de relacionar objetos y personas con sonidos, expresiones onomatopéyicas y palabras orales. Al niño o niña se presentan objetos sonoros manuales que permitan no solamente escuchar el sonido, sino también que los produzca con sus manos, de tal forma que pueda identificar el objeto con el sonido que este produce. Cumplimiento de órdenes: ¿dónde está mamá?, ¿dónde está papá?, identificación de animales por los sonidos que emiten, etc.

El oído fonemático permite la discriminación auditiva de las palabras sobre la base de rol diferenciador semántico que juega el fonema dentro de ella. Por ejemplo: /perro/ - /pelo/.

La diferencia entre el primer conjunto sonoro y el segundo está dada por el fonema /rr/ y de este modo, los significados de las palabras son distintos.

La ejercitación con los sonidos verbales se debe comenzar por los más fuertes como son: /a/ y /rr/. Estos, se relacionan con determinados objetos y fenómenos. Ejemplo: El gemido de dolor (/a/ prolongada), el ruido de un carro (/rr/ repetida), etc.

En la medida en que se entrena la diferenciación acústica, se van introduciendo ejercicios más complejos, donde se incluyan sonidos con significativa semejanza acústica como /s/ y /ch/.

Después que se diferencia un grupo de sonidos verbales, se empieza a trabajar con sílabas sencillas. Éstas, también deben estar en relación con objetos y fenómeno. Ejemplos: el mugido de la vaca ("mu" prolongada), el berreo del chivo ("ve" prolongado), el golpeteo de la pelota (pa - pa - pa), etc. Se busca que el niño o la niña pueda observar los movimientos articulatorios de la persona que habla. A su vez, sus propias sonoridades deben ser fijados, a través del control visual (con ayuda del espejo) o cinestésico (colocando la mano en la zona articulatoria). Se crean las condiciones para ejercitar la discriminación acústica de composiciones sonoras silábicas, teniendo presente la similitud acústica, como ya se indicó. Ejemplo: /ra/ - /sa/ (baja similitud) y /sa/ - /cha/.

La forma en que se trabaja con la sílaba sirve de peldaño inicial para introducir palabras. Si se logra establecer, por ejemplo, la identificación del gato por el sonido que emite (miau), se pasa a la sustitución por la palabra (utilizando la representación):

- ¿Cómo hace el gato? (dice el mediador, para que se comprenda)
- "Miau" (dice el niño o la niña)
- ¿Quién dice miau? (mediador)
- "El gato" (responde el niño o la niña señalando)

Las palabras por asimilar y luego diferenciar deben ser lejanas por su composición sonora, correspondientes a diferentes situaciones y sin ningún parecido semántico. Se le concede un alto valor a la entonación en el proceso de comprensión de estas verbalizaciones. Por ello, en el complejo estimulo se trata de mantener una misma entonación para cada palabra en particular.

De tal manera, que esta contribuya a la identificación y comprensión del estímulo verbal en cuestión. Por otra parte, se hace necesario no sólo repetir varias veces el mismo estímulo verbal, sino también se lleva paulatinamente a diferentes situaciones y se establecen variadas conexiones. Por este motivo, tienen un gran valor las actividades prácticas con los objetos y la realización de determinadas acciones planificadas por el mediador, enunciadas y realizadas de forma conjunta.

Cuando se observan progresos en el desarrollo verbal, las palabras se someten a modificación paulatina las diferentes variables controladas: entonación, situación, emisor (mediador), los gestos y la mímica.

En la medida que se hacen más exactas las diferenciaciones perceptuales, se posibilita la comprensión de palabras y oraciones; se crean condiciones para el desarrollo del lenguaje expresivo.

Es importante que se aprenda a inhibir las reacciones impulsivas y escuchar las verbalizaciones hasta el final. Se debe establecer un adecuado balance entre lo que se escucha y pronostica. En este orden, juega un importante papel la acción reguladora que ejerce el mediador, en su rol regulador.

La ejercitación fonemática se realiza por dos vías: La auditiva de identificación y la auditiva semántica.

- Ejercitación por vía auditiva de identificación:

- Al escuchar el sonido, levanta la mano: dime sin son iguales o distintos, dime donde se encuentra (al principio, al medio, al final):

  - Sonidos aislados (b, r, m, d, k...)
  - Pares de sonidos muy distintos (m - r, p - s, b - n)
  - Pares de sonidos en oposición (b - p, d - t, k - g, r - l)

Los niveles de complejidad para el desarrollo de la ejercitación se concretan por medio del control de los apoyos sensorio – motrices para facilitar su realización. Es decir, de un máximo de apoyo, hasta su ejecución sin apoyo visual y articulatorio:

- Con todos los apoyos sensorio-motrices
- Sin apoyo visual
- Sin apoyo articulatorio
- Sin apoyo visual y articulatorio

La ejercitación se realiza con la presencia de las correspondientes grafías. El propio desarrollo de las actividades favorece la asociación sonido – grafía de forma natural. Se puede acompañar de ejercicios óptico-espaciales, para favorecer la posterior escritura de las grafías y evitar la escritura en espejo y confusión de grafías similares (b-d).

- Ejercitación por vía auditiva semántica:

Se colocan imágenes de objetos, que la comprensión de sus denominaciones dependa del cambio de un fonema en el mismo lugar de la palabra, con igual cantidad de sílabas: **r**atón – **l**atón, **p**erro – **p**elo, **m**esa – **p**esa y otros pares de palabras que cumplan dicha condición.

Se le pide al sujeto que señale una imagen y luego otra. Por ejemplo: señala el ratón, señala el latón.

V. b.- Ritmo y Fluidez Verbal

La ejercitación del ritmo y la fluidez verbal comprende:

- Escuchar canciones infantiles

Las actividades se realizan con movimientos simultáneos de todo el cuerpo o sus partes. Ejemplos:

- Mientras oye se balancea
- Mientras oye se contactan al tiempo partes del cuerpo: mano – mano, mano – pies, pies – pies, mano – boca, etc.; según posibilidades individuales

En ejercitaciones ulteriores, se estimula que por iniciativa propia comience a balancearse y a realizar los movimientos acompañantes. Con ello, se busca la iniciativa de vocalización.

- Realización simultánea con el sujeto de vocalizaciones con aumento paulatino de su extensión. Ejemplo:

a, a_____, a_____, a_____,
a___, e___, e_____, e_____

Y así sucesivamente con las restantes vocales.

- Realización simultánea con el sujeto de verbalizaciones de poca variabilidad rítmica, utilizando estructuras monosilábicas, bisilábicas, etc., de la siguiente manera:

fa, fa_____fa, fafa, fafá
sa, sa_____sa, sasá
sa_____sa, safa

Y así periódicamente.

Tener presente, que simultanear la actividad motriz de las extremidades con la verbal, resulta ser complejo y por ello, se debe tratar de que la iniciativa sea al inicio en una dirección y luego en la otra. Una vez alcanzado determinado automatismo, se puede incitar a la ejecución simultánea. Al simultanear la actividad verbal con la manual, debe ser primero en presente, es decir sobre lo que se hace, luego sobre lo que hizo y más tarde, sobre lo que se hará.

La generación de verbalizaciones fluidas depende en gran medida de los esfuerzos individuales que se impliquen. Es decir, las verbalizaciones automatizadas alcanzan mayor fluidez. También inciden la riqueza del vocabulario activo y las tensiones implícitas en la comunicación. La ejercitación se realiza teniendo presente el nivel de autonomía en la formulación de expresiones verbales:

- Habla conjunta
- Habla refleja
- Diálogo
- Relato
- Narración
- Habla espontánea

El lenguaje hablado **en conjunto** es aquel en que el individuo que se encuentra pasivo, es decir, que no formula o inicia la expresión, reproduce en compañía del que se encuentra en activo, generando emisiones verbales. En esta forma de realización, no hay elaboración propia e independiente. Ejemplo: decimos al mismo tiempo: Yo estoy bien, me siento bien.

En el lenguaje **reflejo**, la formulación de la expresión no es de origen propio; simplemente se repite lo escuchado como tal. A diferencia del lenguaje en conjunto, esto se realiza solo, por lo que exige un mayor esfuerzo, aunque el esquema y los elementos de la expresión son dados de antemano. Ejemplo: Repita: Yo puedo hablar correctamente.

El **diálogo** lleva implícito que se generen las propias verbalizaciones, pero desde formas más simples a complejas. La forma más sencilla del lenguaje dialogado es cuando en la respuesta se repiten por completo los elementos dados en la pregunta o se reproduce parte de esta. Ejemplo:

- Pregunta: ¿**Estás bien**?
- Respuesta: Sí, **estoy bien**

El aporte propio, prácticamente se reduce a: sí y la reformulación sintáctica del enunciado que le sigue, pero con los mismos recursos verbales. Un mayor grado de complejidad se alcanza cuando la pregunta implica la formulación de una nueva expresión, es decir, no se cuenta con medios dados con antelación para formularla. Entonces, es necesario seleccionar, entre las alternativas surgidas, la más correcta; la facilidad está en que la expresión se ve orientada hacia formulaciones específicas. Ejemplo:

- Pregunta: ¿Qué hiciste **en el día de ayer**?
- Repuesta: **En el día de ayer** corrí y visité a un amigo

La generación de enunciados demanda de mayores recursos de vocabulario y de sintaxis.

El **relato** y la **narración** son formas de emisión mucho más extensas, que exigen de frases completas, relacionadas, que alcanzan un alto nivel de complejidad, por lo que la formulación no cuenta con recursos elaborados de antemano. Lo que las aligera y hace que resulten más fáciles, es que tienen como base la imagen, el modelo obtenido con anterioridad, en calidad de apoyo. La narración es por completo independiente y se dirige a la exposición de un tema dado, siguiendo una sucesión cronológica y precisa de acontecimientos que demandan de un uso más extendido de recursos verbales.

El lenguaje **espontáneo** es completamente voluntario e independiente; exige de una emisión verbal propia y no solamente depende de las condiciones exteriores, sino también de la riqueza de recursos verbales del que habla. Se dice que es natural, porque él tiene lugar, ante todo, en las distintas actividades que se realizan y que llevan implícita la comunicación.

La comunicación ocurre en contextos determinados y el punto de referencia con respecto a los objetos y fenómenos sobre los que se hace referencia exigen que los interlocutores compartan el punto de referencia que se asumen, es decir demanda de una adecuada ubicación dentro del contexto y una orientación espacial precisa.

CAPÍTULO VI: ORIENTACIÓN ESPACIAL

Si se orienta, calculará

El desarrollo de la orientación espacial favorece la internalización de las coordenadas: arriba - abajo, derecha – izquierda. Su formación se vincula a la mano dominante, al desplazamiento corporal, la ejecución de movimientos motrices generales y finos. En el caso de los videntes, con vinculación relevante a la función visual.

VI. a.- Ejercitación Corporal

Es necesario tener en cuenta la relevancia de las orientaciones en coordenadas. Las orientaciones en coordenadas se expresan en:

- Arriba – abajo
- Derecha – izquierda
- Delante – detrás

La ejercitación, transcurre desde el propio sujeto y finaliza hasta la orientación de objetos en el entorno. Tener presente que, en las formas iniciales de desarrollo, el mediador denomina las acciones con la finalidad de reforzar con las verbalizaciones la orientación espacial y favorecer el desarrollo de la función nominativa de palabra. La ejercitación corporal asume:

- **Ubicación de partes del cuerpo:**

  - Tocarse partes del cuerpo por imitación (el mediador y el sujeto se encuentran uno al lado del otro)
  - Tocarse partes del cuerpo por imitación sin apoyo visual (el mediador y el sujeto se encuentran uno al lado del otro)
  - Tocarse partes del cuerpo por imitación con apoyo visual (el mediador y el sujeto se encuentran uno al lado del otro y se ven en un espejo)
  - Tocarse partes del cuerpo por imitación (el mediador se encuentra frente al sujeto)

- **Desplazamiento corporal:**

  - Desplazamiento hacia: delante, detrás, izquierda, derecha, arriba, abajo con apoyos externos. El sujeto ubicado detrás del mediador se mueve hacia las diferentes direcciones con apoyo de trazos en el piso. Ejemplo:

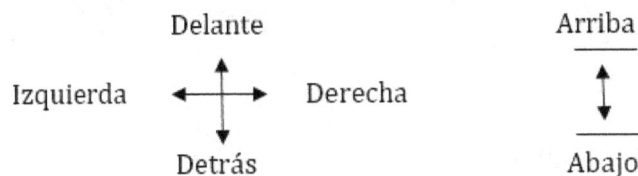

  - El sujeto se mueve hacia diferentes direcciones con apoyos de trazos en el piso, mientras el mediador verbaliza la dirección que este sigue
  - El sujeto se mueve hacia las diferentes direcciones sin apoyos de trazos en el piso, mientras el mediador verbaliza la dirección que este sigue
  - Desplazamiento corporal a través de órdenes verbales emitidas por el mediador:

    - Se desplaza en las direcciones indicadas, con apoyo en trazos y las palabras inherentes a su lado. Ejemplo:

Derecha

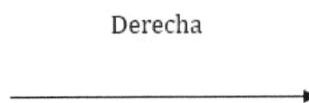

- Se desplaza en las direcciones indicadas, sin apoyo en trazos y sólo las palabras. Ejemplo:

Derecha

- Se desplaza en las direcciones indicadas sin apoyos
- Se desplaza sobre figuras representadas, se enfatiza en la realización de movimientos de arriba hacia abajo y de izquierda a derecha, lo que es relevante para el aprendizaje de la escritura

VI. b.- Ubicación de Objetos en el Entorno

Una vez que se domina la ubicación corporal se transita a la ejercitación de la ubicación de los objetos en el entorno. Ejemplo:

- A partir de su propio cuerpo, se le pide alcance el objeto que está delante, arriba, a la izquierda...

- Ubicación de un objeto con respecto a otro. Ejemplo:
Objetos: dos juguetes: pelota y raqueta
Acción: coloca la pelota a la derecha de la raqueta

De ser necesario, se sigue la misma secuencia de apoyos externos indicados anteriormente para el desplazamiento corporal, con la finalidad de favorecer la ejecución de los ejercicios.

VI. c.- Realización de Trazados

La ejecución de trazados manuales se realiza con apoyos externos con el objetivo de lograr su ejecución autónoma:

- **Siguiendo un modelo o patrón:**

- Direccionados en: el aire, arena, primero con el dedo y luego esgrimiendo un palo o algo similar
- Direccionados en: un papel con un lápiz, apoyándose en líneas discontinuas orientadas por una flecha y luego sin apoyo

- **Siguiendo instrucciones:**

  - Trazar una línea en diversas direcciones: de derecha a izquierda, de arriba hacia abajo y otras
  - Reproducción corporal de recorridos verbalizados por otra persona
  - Reproducción representada (imagen) de recorridos verbalizados por otra persona
  - Reproducción verbal de recorridos realizados por otra persona (habla sobre el desplazamiento de otra persona)

En general, la ejercitación debe favorecer el respeto por la dominancia corporal, pero es prudente movilizar por igual la actividad motriz de todas las extremidades, así como la ubicación de las partes del cuerpo en formas no comunes, como son las actividades con los dedos entrecruzados de forma acostumbrada y de forma menos frecuente como se muestra en los ejercicios de motricidad fina en las páginas 53 y 54 de este libro.

El desarrollo de la orientación espacial en sus disimiles expresiones, favorece la movilización de las capacidades potenciales. En este mismo orden, contribuye el que se realicen ejercicios sensorio-motrices que impliquen el entrecruce de los dedos.

Generalmente, los dedos de la mano, por ejemplo, coinciden desde el mismo lado en la interacción con los objetos del entorno. Entrecruzar los dedos es un modo de hacer que se establezcan acciones coincidentes de los laterales opuestos. Ejemplo:

A mayor diversidad de la ejercitación, mayor movilización de las potencialidades de desarrollo.

La presencia de la palabra dentro de los estímulos visuales, auditivos y el desarrollo de la actividad motriz general y fina facilita el enriquecimiento del vocabulario.

CAPÍTULO VII: VOCABULARIO

Primero que comprenda y que luego hable

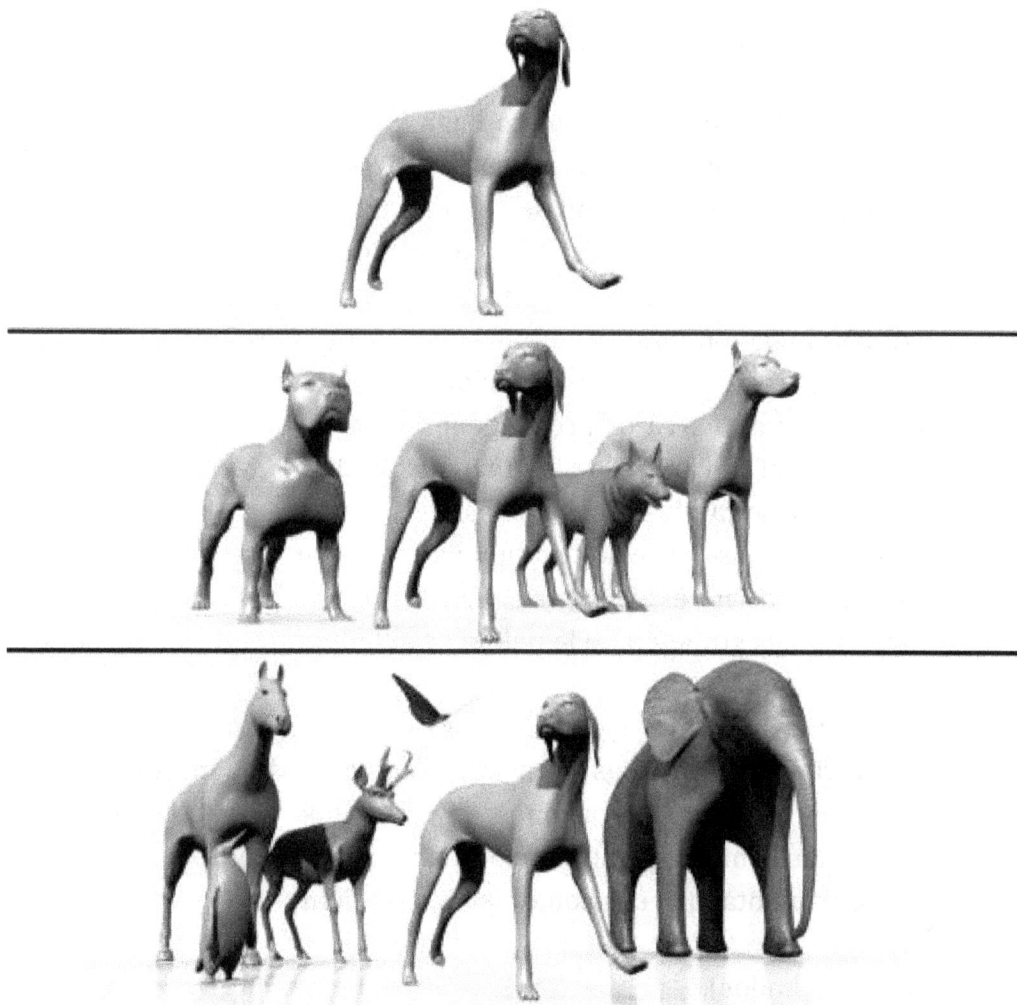

El vocabulario se desarrolla de la decodificación a codificación, es decir, de la comprensión de las palabras (pasivo), a su uso activo en el lenguaje expresivo. El vocabulario se adquiere en las relaciones sociales, las palabras se recepcionan y comprenden, para luego usarlas en el lenguaje activo: comprender para hablar.

VII. a.- Vocabulario Nominativo

La unidad verbal mínima comunicativa es la palabra. En ella se unen la función nominativa y la predicativa, por ello resulta ser el verbo el que con más efectividad puede emplearse para la ejercitación inicial.

Partiendo de la relación existente entre la motricidad y la audición verbales, se hace necesario desarrollar la atención y la percepción auditiva. La diferenciación de los sonidos del lenguaje permite una mejor asimilación de la pronunciación y en cierta medida, influye en el aspecto léxico y gramatical, es decir, contribuye al desarrollo del lenguaje hablado. Se trata de que el sujeto haga y el mediador hable y lo estimule, a través de órdenes, expresiones de admiración y luego de interrogantes.

En forma de juego, se logra la unión de las reacciones motrices y verbales. Al inicio, el niño o la niña realiza las acciones solicitadas: "levántate", "párate", etc. Luego, el mediador o mediadora se une a la acción que se realiza verbalizando la acción, por ejemplo: "voy" para luego preguntarle: ¿qué haces? "voy" (responde).

La palabra aparecerá en el contexto situacional del sujeto en forma pasiva (generada por otros y luego en forma activa, de propia generación). Efectivo resulta el juego "dame – toma" realizado con el clavijero. Se pide una pieza: "dame", al recibirla, se devuelve y contesta "toma", luego se cambian los papeles.

Se busca que emitan las expresiones del mediador. Por este motivo, en el juego se deben acompañar las acciones de exclamaciones, palabras sencillas y verbalizar las acciones. Por ejemplo, el golpeteo de la pelota se acompaña con las emisiones "pa – pa – pa".

El desarrollo imitativo tanto general, como verbal, elimina de forma paulatina; prepara las condiciones necesarias para la articulación de sonidos más complejos. Posteriormente, se trabaja con oraciones de dos palabras, utilizando el verbo en primera persona o en forma imperativa, acompañado de un complemento directo, aquí la actividad es fundamental que sea con objetos, por ejemplo:

- ¿Qué cargas? (mediador)
- "La muñeca" (niño o niña)

Por último, comienzan a hablar de las acciones que realizan otros, se sigue manteniendo el carácter dialogado de la interacción.

Como elementos gramaticales prevalecen el sujeto y el predicado. El habla de las acciones que realizan otros, por ejemplo:

- ¿Qué se cayó? (mediador)
- "La pelota se cayó" (el niño o la niña)
- ¿Quién va? (mediador)

- "El niño va" (el niño o la niña)

El desarrollo de la pronunciación depende en gran medida, del desarrollo del vocabulario. Recordar, que la formación de la pronunciación va detrás del desarrollo de la palabra como unidad semántica y portadora de un modelo silábico.

Por tal motivo, en el desarrollo inicial del vocabulario se debe ejercitar con palabras sonidos y sílabas simples, sin fijar la atención en el uso de sustitutos sonoros e imprecisiones silábicas de la palabra. Tener presente que lo más importante es que prevalezca la intención comunicativa.

En etapas posteriores, cuando se ha alcanzado un nivel más elevado de desarrollo verbal, se trabaja sobre la estructura silábica y la pronunciación de forma paralela. La estructura silábica se amplía con los sonidos ya vigentes y los de nueva incorporación.

Primero, se desarrolla la función nominativa, y luego la categorial. Es importante observar que la categorización implica agrupar. Al inicio, se realiza por rasgos externos y situacionales para finalmente llegar a la categorización.

Los ejercicios que favorecen la asociación de la denominación con los objetos y sus imágenes demandan estabilidad, es decir se incorporan cambios de sus características de forma paulatina. De esta forma, se logra la abstracción y generalización mediante palabras: función nominativa. Luego, se ejercita la inclusión del objeto en grupos, dando paso a la función categorial. Tener presente que primero se denomina a un objeto en particular, luego una variedad de este y finalmente se categoriza. Ejemplo:

- Lápiz amarillo
- El mismo lápiz de color verde
- Otras variedades de lápices
- El lápiz en diferentes formatos como parte de los útiles escolares

Las particularidades externas son abstraídas para generalizar que se trata de un objeto. Se perfila que si una persona es capaz de denominar objetos, está dando evidencias del desarrollo de formas superiores del pensamiento. En este acontecer, se precisa la progresión hacia la esencialidad que se logra en la categorización.

VII. b.- Vocabulario Categorial

Los objetos pueden ser agrupados por criterios externos (forma, tamaño, etc.), luego por razones situacionales (pan, cuchillo, etc.) propias de un contexto y de forma categorial (caballo, perro, etc.).

Los ejercicios que favorecen la clasificación por criterios externos implican las vivencias sensorio motrices y el desarrollo de las habilidades de identificar y comparar, que se muestran en su progresión en el siguiente capítulo de este libro. En esencia se trata de sentir y manipular los objetos para identificar sus particularidades, luego compararlas y en consecuencia poder agruparlas. Se precisa que primero tiene lugar de forma no verbal, es decir sin prevalencia de la palabra, luego con su dominio en el plano comprensivo y finalmente de forma activa en el lenguaje expresivo.

Las agrupaciones situaciones emergen de la recurrencia de los mismos objetos en determinados contextos. Así se vinculan el agua y el vaso, el jinete y su montura, el libro y el maestro, etc. De acá la importancia del control de la estabilidad de los objetos durante los aprendizajes.

Y, por último, clasificación categorial, propios de un grupo que implica categorización, por ejemplo:

- Manzana y naranja (frutas)
- Perro y caballo (animales)
- Mamá y papá (familia)

En calidad de ejemplo para el desarrollo de la función categorial de la palabra se presentan ejemplos de ejercicios:

- Ejercitación dentro de una categoría
Objetivo: desarrollar la memoria sobre la base de palabras del grupo generalizador "muebles".

Al sujeto se le propone recordar una serie de ilustraciones relacionadas con tres objetos en un determinado orden: silla, mesa, sofá. El mediador, nombra las ilustraciones y sus características, luego se ocultan tras una pantalla y se cambian de lugar entre sí las ilustraciones laterales. El ejercicio se realiza de nuevo, pero se intercambian de lugar las ilustraciones colindantes.

En la medida que se va logrando la reproducción de la serie de estímulos, se van incorporando nuevos elementos de la categoría citada hasta llegar a 7. Cada vez que se ejecuta el ejercicio, se comienza con el cambio de lugar de ilustraciones laterales y luego de posiciones medias:

Se le propone nombrar y recordar estas mismas series de ilustraciones. La ejercitación, se realiza en el mismo orden señalado. Teniendo en cuenta que el efecto lateral en las etapas iniciales de reproducción de estímulos verbales se manifiesta poco, es necesario dirigir la atención hacia aquellas palabras que dan comienzo y terminación a la serie de estímulos. En lo sucesivo el material verbal que reproduce con mayor solidez, se lleva a las posiciones medias de la serie de estímulos.

- Ejercitación para la formación de categorías

   Objetivo: realizar agrupaciones de imágenes

   Material: silla, caballo, manzana, auto, árbol, mesa, niño, leche, pan, biberón, mujer de diferentes formas, colores y tamaños.

Al sujeto se le propone agrupar las imágenes. Una vez lograda la primera agrupación, se le solicita que los disminuya. Se precisa que la forma final de agrupación será en vivos y no vivos. En cada agrupación que realice se precisa la razón que lo provoca y se brindarán apoyos para que transite hacia la asunción de particularidades esenciales en la operatoria.

La ejercitación facilita el desarrollo del lenguaje expresivo. También, es necesario ejercitar la memoria por medio de preguntas relacionadas con las diferentes tareas ejecutadas en relación con el dibujo, el aplicado, etc. De tal manera se hace referencia a la mediación en el desarrollo de las habilidades operacionales, denominadas habilidades no verbales y las que ocurren bajo la rectoría del lenguaje, es decir las habilidades verbales. Lo que será objeto de intercambio en el siguiente capítulo.

CAPÍTULO VIII: HABILIDADES COGNITIVAS NO VERBALES

Si hace, será hábil

Las habilidades cognitivas, se desarrollan en la interacción con el medio. Al inicio, a través de las relaciones inmediatas, contemplativas con la ayuda de las sensaciones y movimientos, luego por medio de las representaciones mentales y en sus formas más complejas, con la mediación del lenguaje verbal.

VIII. a.- Ejecución de Acciones Contemplativas

Las acciones se consideran contemplativas cuando tienen lugar en la interacción vivencial con el entorno. Puede ser de forma directa e indirecta. Se considera directa cuando entre la persona y los objetos no media otro en calidad de mediador. Ejemplo: alcanzar una manzana con las propias manos desde un árbol.

Se considera indirecta cuando entre la persona y el objeto se utiliza un objeto en calidad de mediador con la finalidad de alcanzarlo. Siguiendo el mismo ejemplo anterior; sería alcanzar la manzana con la ayuda de una vara.

La ejercitación por medio de **acciones directas** (inmediatas con los objetos, movilización de todas las vías sensoriales con la activación de la motricidad general y fina. Se sugiere ver ejemplos de actividades para el desarrollo de la motricidad general y fina en este libro. Ejemplos:

- Explora los objetos por vías gustativas, táctiles, olfativas, auditivas, y visuales
- Realiza acciones con distintos objetos, con la ayuda de sus extremidades

Variantes de ejercitación, teniendo en cuenta las vías sensorio-motrices involucradas:

- Con aumento paulatino de las vías a través:

    - De una vía, por ejemplo, estímulo de naturaleza auditiva
    - De las vías táctil y auditiva (mientras manipula el objeto, se generan sonidos propios de él)
    - De varias vías: (auditiva, visual y táctil)

- Con disminución paulatina de las vías, a través de:

    - Audición, visión, olfato, tacto y gusto
    - Solo cuatro vías
    - Solo tres vías
    - Solo dos vías
    - Solo una vía

En general, observar que la ejercitación se oriente desde las vías conservadas y la relevancia de la manipulación del objeto, como eje de la ejercitación.

En este contexto, es importante que el ambiente resulte cálido, favorecido por el afecto y expresiones verbales en presente, alusivas a lo que el sujeto ejecuta. Se recuerda que las expresiones verbales primero son en presente, luego en pasado y por último en futuro.

Los objetos que manipula el sujeto deben permanecer en el tiempo para favorecer su exploración y las asociaciones de las expresiones comunicativas que se generan, así como las verbalizaciones expresadas por el mediador.

Explora, descubre, reconoce y discrimina elementos del entorno, utilizando la piel, el gusto y olfato. Ej.: forma, tamaño - volumen, textura, peso, temperatura, vibración, consistencia (líquido – sólido – gelatinoso), sabor, olor, etc.

El reconocimiento del mundo circundante favorece su representación mental, con ello es factible realizar acciones cognitivas que impliquen la evocación de esta. Se pueden realizar ejercicios cognitivos de identificación, comparación, clasificación e integración de naturaleza no verbal.

La ejercitación con el uso de otros objetos en calidad de herramientas facilita el desarrollo de la mediación en contextos concretos. Ejemplos:

- Acercar un objeto con la ayuda de otro
- Clavar
- Pintar con la ayuda de lápices, pínceles
- Otros

Se sigue la misma metodología que se describe en la ejercitación a través de acciones directas indicadas con anterioridad.

En general la ejercitación contemplativa es premisa y forma parte del desarrollo de las habilidades cognitivas no verbales.

VIII. b.- Ejecución de Habilidades Cognitivas No Verbales

Las habilidades cognitivas no verbales son las que tienen lugar sin que la persona requiera del lenguaje. Comprenden: **la identificación, la comparación, clasificación e integración** sin que sea imprescindibles las verbalizaciones activas por parte del que ejecuta, pero si incluye las del mediador.

VIII. b. 1.- Habilidad Cognitiva de Identificación de Naturaleza No Verbal

La identificación debe ser de objetos y luego de imágenes. Los ejemplos a continuación se presentan con imágenes. Se precisa que de igual forma se puede realizar con sonidos, sabores, etc.

La Identificación del objeto, se realiza con disminución paulatina de características: manzana (manzana natural) luego su representación. La ejemplificación continúa con la representación.

El objeto por identificar se coloca entre otros para que pueda operar; señalándolo en el caso de que no tenga el dominio de la denominación. Las variantes de complejidad de ejercitación se presentan con el mismo objeto en calidad de ejemplo. El objetivo, es señalar la sistematicidad del camino a recorrer con la diversidad de objetos con que se ejercite.

Material: diferentes tipos de imágenes integrales, su silueta, punteadas, enmascaradas de diferentes características y grado de complejidad.

- Identificación de la imagen de la manzana

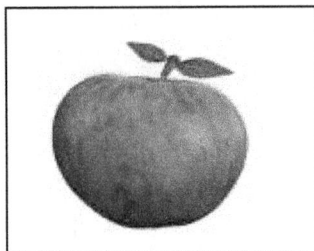

- Identificación de la imagen por su silueta sombreada

- Identificación de la imagen por su silueta

- Identificación de la imagen por su silueta punteada

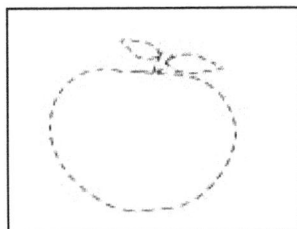

- Identificación de la imagen enmascarada

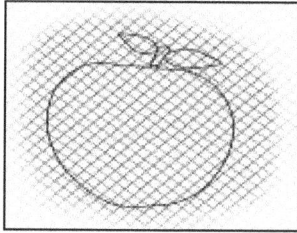

- Identificación de imágenes superpuestas

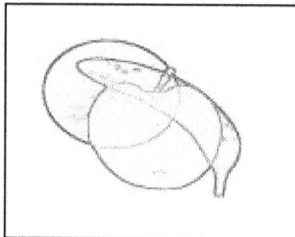

Por medio de esta ejercitación de logra consolidar la representación mental de los objetos, lo que se constituye en una premisa para la ejercitación de la habilidad de identificación.

- Ejemplo de ejercicios propios de la habilidad de identificación
  Objetivo: identificar pares de imágenes dentro de un variado grupo de ellas

- Identificación de pares de imágenes
Material: dos imágenes separadas en iguales de un mismo objeto. Ejemplo de parejas: perros, gatos, sillas, plátanos, autos, etc.

Desarrollo: se le propone parear las imágenes brindadas o seguir sus contornos con un indicador o puntero. La instrucción puede ser por medio de una demostración o de forma verbal. En esta actividad, no es necesario que el aprendiz denomine lo que identifica. Será así, solo en el caso que la ejercitación sea verbal porque es propio, de fases superiores de desarrollo.

En el proceso de identificación como acción perceptual, el que aporta la palabra es el mediador. El sujeto realiza expresiones verbales por iniciativa propia y el mediador exclama, impera sobre lo que éste hace y la interrogación tendrá lugar más adelante, en la medida en no entre en contradicción con la ejecución de la actividad. Hacer y hablar al mismo tiempo, implica simultanear dos actividades y ello demanda dominio de ambas y ejercitación, bajo criterios de accesibilidad.

Se estimula el tránsito de implementación de estrategias orientadas al acercamiento de un objeto a otro y su posterior solución a distancia, por ejemplo uniendo con líneas las imágenes que se identifican. Ejemplo:

Material: iguales autos, bicicletas y motos.

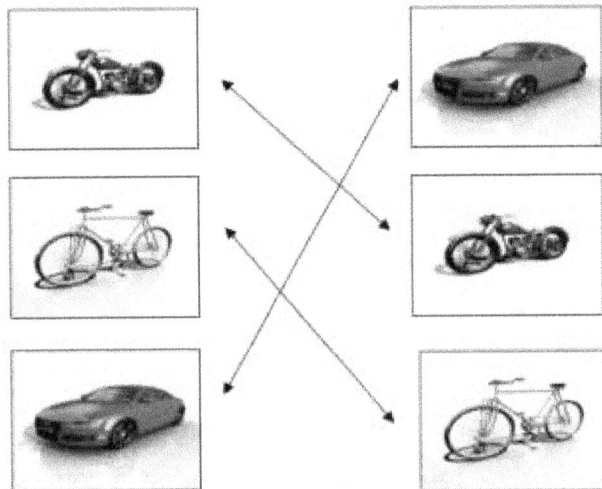

- Otro ejemplo de identificación: pareado por color

Material: matriz de colores de 15 elementos ordenados en una tabla cuadriculada de 5 filas (a, b, c, d y e) y estos mismos elementos (15) por separados.

Instrucción: busca un color igual a este en la tabla.

Desarrollo: se le presenta al sujeto la tabla de colores y se dan los cuadrados por separado y se le solicita que el elemento seleccionado sea colocado en la cuadrícula correspondiente.

La instrucción no lleva implícita la opción de que la persona que se ejercita diga el nombre del color. No es una premisa conocer el nombre del color para identificarlo, pero si es una premisa de la denominación que se pueda identificar. Por ello, el facilitador debe nombrar el color.

Identificar el color del objeto a través de las vías sensoriales, para que luego sea a través de la palabra evocada por el mediador, para que finalmente sea denominado por el propio sujeto en fases posteriores. Incluso, la búsqueda de un color igual en la tabla puede realizarse sin la intervención absoluta de la palabra hablada, puede ser ejecutado mediante gestos y demostraciones.

- Ejercitación de la identificación con el desarrollo de la memoria voluntaria de estímulos visuales

Medios: 6 figuras: auto, silla, piña, pollo, zapato y vaso.

Se le brindan al menor las imágenes en un determinado orden. El tiempo de exposición es de 3 segundos por ilustraciones (18 segundos).

Instrucción 1: observa las imágenes y recuerda el orden. Luego, las imágenes se ocultan con una pantalla y se cambian de lugar entre sí dos ilustraciones.

Instrucción 2: ordena las figuras como estaban.

En caso de equívocos, se le muestra cuáles figuras cambiaron de lugar. Luego las filas se restablecen y la tarea se repite.

En cada repetición, una de las ilustraciones que cambia de lugar lo hace por primera vez y la otra no. Las opciones de cambios posibles para realizar (laterales y centrales) son:

- Laterales 1 con 6   - Centrales 2 con 5
           2 con 6   2 con 4
           1 con 5   3 con 4

- Ejercitación de la identificación con el desarrollo de la memoria involuntaria de estímulos visuales

Medios: láminas con imágenes de objetos: vaso, martillo, flor, carro, caballo, balance, mango, cartera y zapato.

Se colocan ante el sujeto varias láminas (7) y se le permite observar por un tiempo prudencial (21 segundos). Luego, se oculta con una pantalla, se extrae una lámina del conjunto colocando otra en su lugar. Observará de nuevo las láminas y dirá cuáles fueron las ilustraciones extraídas y las incorporadas. De equivocarse, se le muestra la variante correcta y se restablece el conjunto original.

Instrucción: señala la ilustración que no estaba y nombra la que falta. Si no logra recordar la lámina que falta, puede brindársele la oportunidad de encontrarla entre otras láminas (forma pasiva de reproducción).

- Ejercitación de la identificación con órdenes verbales

Material: naranja, lápiz, gato, libro, cama, mesa

Instrucción: dame la naranja y así el resto de los objetos. Se precisa que no debe acompañarse con gestos y miradas en dirección al objeto nombrado.

Para la formación de las representaciones de los objetos, es necesaria la información más completa de éste. Ejercicio generalizador:

Objetivo: representar la imagen visual del objeto, sobre la base del material verbal correspondiente al grupo de "los vegetales". Pasos por cumplir:

- Observación del objeto natural: pepino, tomate, melón, etc.
- Marcar el contorno de representaciones (en madera u otro material, del mismo del objeto. Al inicio, el mediador nombra el objeto y sus características
- Perfilar el contorno de las representaciones de estos mismos objetos. Se estimula que se nombren
- Completamiento de representaciones parciales de los objetos con ciertos cambios en la configuración y con el empleo de variados colores. Se ejercita la denominación activa de sus características
- Dibujo de memoria de estos mismos objetos
- Descripción verbal del objeto, dado con el empleo de las verbalizaciones alusivas a las características de los objetos

La formación y el enriquecimiento de la imagen sensorial del objeto, lo facilita también la actividad manual con plastilina o greda, el dibujo, ejercicios de aplicados y construcción. La consolidación de las representaciones mentales de los objetos facilita la ejercitación de la habilidad cognitiva de comparación de naturaleza no verbal.

VIII. b. 2.- Habilidad Cognitiva de Comparación de Naturaleza No Verbal

La habilidad cognitiva de comparación de naturaleza no verbal tiene lugar sobre la base de los rasgos de los objetos vivenciados. Lo que permite establecer lo semejante o diferente entre ellos. Por ejemplo: la forma, el tamaño, el color, la textura, etc. Se puede observar mediante un ejemplo de ejercitación:

Objetivo: comparar objetos sobre la base de sus formas

Material: patrones recortados de material coloreado de diferentes formas, pero iguales por su tamaño; 3 cajas donde se colocan los señalados patrones identificadores.

Las cajas, deben tener una altura, que impida al sujeto ver las ilustraciones que ya echó dentro de las correspondientes cajas. Se busca que concentre su atención en lo que está haciendo y no en lo ya realizado.

Las ilustraciones son objetos recortados en sus contornos, que por su forma se encuentran en correspondencia con los modelos o patrones que se asumen en la comparación:

- Circulares (5): pelota, tambor, melón, naranja y limón
- Triangulares (5): pirámide, pino, bombillo (ampolleta), trompo, casa de campaña
- Multiangulares (5): hacha, pato, silla, media y zapato

Instrucción: coloca el objeto o la figura en la caja según la forma, puede ser por medio de demostraciones u otra vía de comunicación que lo facilite.

Las formas de orientación para ejecutar la tarea transitan, de la comparación cercana, al ensayo y error y por último a la orientación visual a distancia.

Cuando se observe una tendencia a la ubicación de igual número de figuras en las cajas, sin tener en cuenta los modelos dados, es indicador de que la actividad resulta compleja. También puede observarse que al comparar se pierde el indicador asumido y se orienta sobre la base de otro, por ejemplo, el color. La observación permanente de la actividad que se ejecuta facilitará la incorporación de los apoyos que resulten necesarios.

Es importante tener presente la ejercitación con objetos que tienen sincretismo de formas como es el caso de la ampolleta (bombillo): circular y triangular.

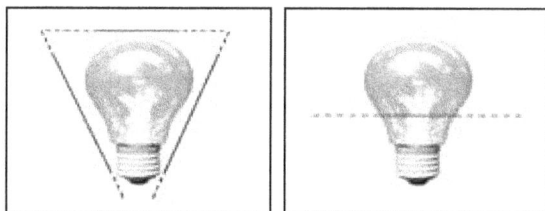

Se puede comparar sobre la base de la forma parcial (circular) o la total (triangulo). De tal forma colocar la ampolleta con los objetos circulares, al operar en el mayor tamaño de dicha parte y no asumir de manera holística el objeto.

Es factible organizar ejercicios de mayor complejidad, donde se aumente paulatinamente los rasgos a comparar. Siguiendo el mismo ejemplo anterior: un patrón que incluya forma y color, luego forma, color y tamaño, etc.

El sujeto que tiene una sólida representación de los objetos y ha realizado acciones perceptuales de comparación, está en condiciones de ejercitar la habilidad cognitiva de clasificación de naturaleza no verbal.

VIII. b. 3.- Habilidad Cognitiva de Clasificado de Naturaleza No Verbal

La clasificación no verbal implica agrupación de objetos, atendiendo a sus particularidades. En este caso, los agrupamientos ocurren de forma espontánea, siguiendo uno u otro rasgo de los objetos.

Objetivo: agrupar los objetos, atendiendo a sus distintos rasgos

Material: objetos que tienen varias características y pueden ser agrupados de manera espontánea a partir de ellas: formas, tamaños colores, peso, textura, etc.

Instrucción: agrupa los objetos. De no proceder de forma verbal, pueden realizarse demostraciones. Se estimula reducir la cantidad de grupos: vivos e inertes

La actividad se complejiza aumentándolos, para agrupar, por ejemplo, tamaño y color, luego tamaño, color y forma, etc. Es importante que el sujeto ejecute y el mediador hable sobre lo que él hace. Ejemplos:

- Agrupación por forma

- Agrupación por color

- Agrupación por forma y tamaño

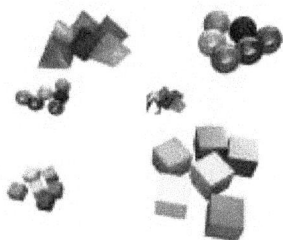

El sujeto, que tiene una sólida representación de los objetos, está en condiciones de ejercitar la integración de elementos a partir de sus partes.

VIII. b. 4.- Habilidad Cognitiva de Integración de Naturaleza No Verbal

Se trata de llegar al todo, a través de la integración de las partes del objeto. Ejemplos para la ejercitación:

Medios: juego de rompecabezas con diferentes tipos de cortes (piezas), número de partes en fondo y sin él.

Instrucción: arma el objeto o figura a partir de las partes dadas. De no proceder de forma verbal, pueden realizarse demostraciones

Se presentan las partes desordenadas del objeto de tal manera, que no solo tengan que desplazarlas a su lugar, sino también reorientar la posición de estas. Una vez integrada, el adulto nombra el objeto en el caso que el menor no lo dijera. Se tiene en cuenta la vía que utiliza y prevalece en el proceso de realización del ejercicio, es decir, ensayo error u orientación visual. Variables para sistematizar la complejidad de la ejercitación:

- Fondo: figuras enmarcadas en un fondo y sin fondo
- Número de cortes: de un corte a varios cortes
- Tipo de cortes: de cortes los ejes X" e "Y"

- **Imágenes en fondo:**

  - Con corte en el eje "Y"

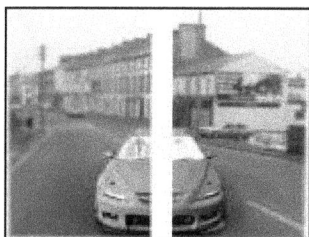

- Con corte en el eje "X"

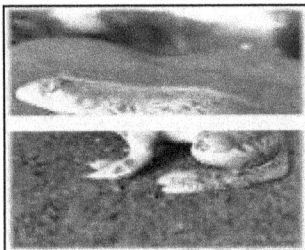

- Con corte incompleto en el eje "Y" y un corte en el "X"

- Con dos cortes completos

- Con cortes angulares

- Con cortes multiangulares

- **Imágenes sin fondo:**

  - Con corte en el eje "Y"

  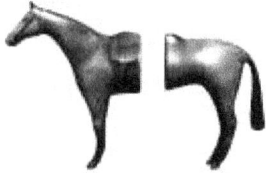

  - Con corte en el eje "X"

  - Con corte incompleto en el eje "Y" y un corte en el "X"

  - Con dos cortes completos

- Con cortes angulares

- Con cortes multiangulares

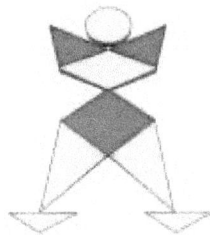

De tal manera, la actividad cognoscitiva con los objetos permite evocar representaciones mentales, con las que son factibles realizar acciones perceptuales de identificación, comparación, agrupación y modelado. Mientras ejecuta, el mediador habla para que un día se hable sobre lo que el sujeto hace y representa. Es la vía que lleva a que se desarrollen las habilidades cognitivas verbales.

CAPÍTULO IX: HABILIDADES COGNITIVAS DE NATURALEZA VERBAL

Es hora de verbalizar en activo

La estimulación del desarrollo de las funciones de la palabra desde la relación sincrética de ésta con el objeto, se consolida a través de diferentes actividades donde se utiliza el mismo objeto denominado, sin que sufra variaciones cuantitativas y cualitativas, pero sí variando el contexto y las funciones con el que este objeto se relaciona. Ejemplo: esta es la pelota, la pelota es para jugar, es redonda, la pelota está en el juguetero, el niño tiró la pelota. En esta fase debe ser la misma pelota.

La función nominativa, se ejercita con la finalidad de consolidar la relación objeto-palabra introduciendo variaciones cualitativas y cuantitativas, mientras que la función categorial, se desarrolla por medio de la organización semántica de los recursos denominativos que se emplean. Se desarrollan actividades, donde el objeto denominado se incluye dentro de categorías. Ejemplo: La palabra pelota, se incluye junto con otros objetos dentro de la categoría juguetes. Ver capítulo VII de este libro.

Las habilidades cognitivas verbales, desde un enfoque ontogénico, se desarrollan en una secuencia en la que una es premisa para la formación de la siguiente. Así, las vivencias quedan representadas mediante imágenes y palabras; con lo cual se hace posible que se puedan **describir**.

El dominio de las particularidades de los objetos y fenómenos se constituye en premisa para que se puedan **comparar**. Por medio de la comparación, es factible establecer lo que es común y diferente. Lo común permite su **clasificación**. Al clasificar, se encuentran particularidades que perfilan de forma más esencial los objetos y fenómenos; con lo que se hace posible generar **definiciones**. Al definir, se cuenta con recursos verbales que permiten la generación de juicios, lo que es relevante para **argumentar**.

Esta sucesión del desarrollo de las habilidades en sentido inverso se enunciar de la forma siguiente: el desarrollo de la habilidad de argumentar tiene como premisas definir, clasificar, comparar y describir.

Desde el punto de vista metodológico, la mediación en el desarrollo de las habilidades cognoscitivas verbales implica describir para dominar los rasgos que se pueden asumir para comparar; que como resultado, se establece lo semejante para clasificar, así como los rasgos clasificatorios esenciales facilitan la generación de definiciones, que se asumen para expresar los argumentos.

En este mismo orden, evocado desde la ontogenia, se aborda el estudio de las habilidades cognoscitivas verbales a continuación.

IX. a.- Habilidad Cognitiva de Describir

Describir es fotografiar mediante palabras las características de los objetos. Debe llevar a la identificación de lo descrito por parte del interlocutor. Implica las denominaciones, cualificaciones, acciones y relaciones propias del mismo en contextos determinados. La descripción recrea la representación de lo contemplado. Al principio, se fomenta la descripción científica y luego la literaria, donde se conjugan los sentimientos y las emociones, dando paso a la evocación de los sentidos perceptuales personales.

Una premisa importante para el desarrollo de la habilidad de describir es el nivel de formación alcanzado en las habilidades cognoscitivas no verbales. Se debe considerar el grado de complejidad del objeto en cuanto a sus características externas e internas. El tránsito de la descripción con la presencia del objeto de forma total, la disminución paulatina de sus características, hasta llegar a su ejecución sin la presencia del objeto. Es relevante que el desarrollo del lenguaje comprensivo y expresivo, así lo facilite.

Para asumir la condición antes indicada, es que se presentan ejercicios para el desarrollo de la comprensión verbal:

- La comprensión de las palabras:

  - Muestra objetos mencionados dentro y fuera de su campo visual

    - Un objeto: el vaso
    - Varios objetos: el vaso, el cuchillo...
    - Pares de imágenes que en la denominación de la palabra, cambia un solo fonema: ratón - **l**atón

- La comprensión orientada al objeto que se menciona

    - Toma el mango
    - Toma el lápiz y dámelo
    - Cierra la puerta y siéntate

- La comprensión con análisis previo

    - Muéstrame de quién es el lápiz
    - Señala con qué se enciende la cocina
    - Si es de noche, pon una cruz en el cuadro blanco

- La comprensión de estructuras lógico-gramaticales, utilizando:

    - Los mismos recursos verbales, cambio de orden con igual resultado

      - Mostrar la **llave** con el lápiz
      - Mostrar con el lápiz, **la llave**

    - Los mismos recursos, cambio de orden con diferentes resultados

      - Mostrar la **mamá** de la hija
      - Mostrar la **hija** de la mamá

    - Construcciones formadas por preposiciones

      - Traza una cruz bajo un círculo
      - Coloca un círculo a la derecha de la cruz
      - Coloca una cruz a la derecha del círculo, pero a la izquierda del triángulo

- Experiencias previas ¿Qué frase es correcta?

  - La primavera llega antes del verano
  - El verano llega antes que la primavera

- Construcciones comparativas

  - Pedro es mayor que Juan, ¿Quién es menor?

- Construcciones lógicas

  Elige la construcción correcta:
  - La mosca es mayor que el elefante
  - El elefante es mayor que la mosca
  - Juan es más alto que Ramón y más bajo que Luis ¿Quién es más alto?

- Construcciones no coincidentes con el orden de las acciones

  - Yo desayuné después de cepillarme los dientes ¿Qué hice primero?
  - El cantó al finalizar su discurso. ¿Qué hizo primero?

- Construcciones con doble negación

  - No está acostumbrado a no respetar las normas ¿Es disciplinada la persona?
  - Él no quiere no mirar ¿Quiere mirar la persona?

La comprensión de la información total del texto, parte no de la suma de ideas encerradas en las distintas oraciones, sino de aquellas que expresan la idea general del enunciado.

Como ya sabemos, la comprensión del enunciado lleva implícito un mecanismo de pronóstico, donde el que escucha continuamente, presupone lo que será dicho. Este mecanismo de anticipación opera con la experiencia adquirida por el sujeto que recepciona la expresión. En sentido general facilita la comunicación siempre que lo que se pronostica, se subordine a lo que realmente se intenta expresar por parte del interlocutor. Se debe evitar la impulsividad, exige concentración y autorregulación.

El desarrollo de la comprensión favorece el tránsito hacia un lenguaje expresivo con alto activismo de recursos verbales, con apoyo en el dominio del significado; lo contribuye a la formación de la habilidad de describir.

La descripción enumerativa puede asociarse a falta de atención y/o de vocabulario. La tendencia más marcada en la descripción es la denominación y cualificación, quedando con frecuencia descuidada las acciones y las relaciones en contextos determinados.

En la descripción científica, se utiliza el lenguaje técnico y en la literaria, el figurado. Las expresiones verbales deben debe ser claras y precisas. A continuación algunas sugerencias para favorecer el desarrollo de la habilidad de describir:

- El objeto por describir debe ser accesible, ya que facilita la observación
- Regular la cantidad de rasgos y su complejidad. Al inicio pocos rasgos y de preponderancia externos (forma, tamaño, etc.), para luego elevar su número incorporando los internos, por ejemplo cualidades de una persona
- La complejidad de las láminas. Al principio simples, con pocos elementos secundarios y luego, con varios y en distintos planos (figura y fondo)
- La presencia de apoyos externos, por ejemplo, a través de preguntas como: ¿qué ves?, ¿qué es?, ¿qué más...?
- La ejercitación, a través de juegos que motivan el desarrollo de la habilidad de describir. Por ejemplo, reconocer un objeto que se encuentra en el contexto a partir de su descripción, luego de cosas ausentes, que demanden más detalles facilitadores de evocación. Vías de apoyo:
    - La insinuación y contexto semántico
      (corto el papel con la ...)
    - Lenguaje al unísono (hablar en coro)
    - Lenguaje reflejo: repetición de palabras, serie de palabras
    - Respuestas a preguntas
- La denominación de objetos se estimula a través de preguntas: ¿qué es?, ¿cómo se llama?
- La denominación a partir de la descripción: ¿cómo se llama con lo que escribes?

Se realizan actividades en las que el sujeto, debe responder oralmente a preguntas que aborden los aspectos relacionados con las acciones que ejecuta. Estas preguntas deben exigir poco a poco la ampliación de las respuestas, en correspondencia con las posibilidades que le brinde el desarrollo de su vocabulario. Se parte de acciones en presente. Ejemplo: "camino" (el especialista y se ejecuta de forma conjunta la acción), luego se le añade el pronombre "yo", mientras se ejecuta la acción se le solicita que diga "yo camino."

Se pasa luego a acciones en pasado y luego en futuro. Posteriormente, se le incorporan elementos verbales del complemento directo. Ejemplo: "yo tomo agua" y luego de otros complementos: "yo doy besos a mamá", etc.

Completar oraciones:
- Yo viajo en...
- Él compró...

Se realizan actividades en las que se debe responder oralmente a preguntas, que aborden los aspectos relacionados con las acciones que ejecuta. Estas preguntas, deben (gradualmente) exigir la ampliación de las respuestas en correspondencia con las posibilidades que le brinde el desarrollo de su vocabulario.

Lo esencial, consiste en que el sujeto estructure la oración y el texto, por un lado, y por otro incluya su lenguaje en distintos tipos de actividad. Por medio del lenguaje dialogado, se estimula el deseo de decir algo, intercambiar opiniones, realizar preguntas cognoscitivas, etc.

Posteriormente, se establece como objetivo fundamental que el sujeto estructure el programa de enunciación sobre la base de esquemas exteriores y más tarde sin apoyo. Al principio, se construyen oraciones que reflejan relaciones simples sujeto predicado, de carácter concatenado o paralelo.

Cuando es concatenado, en cada oración se da nueva información sobre el objeto o situación. Se establece el esquema de predicados presentes en el texto: s – p donde s – sujeto y p - predicado. Ejemplo: el perro – corre.

En las relaciones paralelas, las oraciones llevan diferentes informaciones sobre un mismo objeto, es decir los predicados se reúnen alrededor de un mismo objeto o sujeto, que se define desde diferentes aspectos (narración descriptiva), como el esquema siguiente: sujeto – predicados. Ejemplo: el perro – corre (salta, juega, ladra...).

Más tarde, se forman enunciados, que comprendan el sujeto, predicado y complemento: s – p – c.

Se ejercita con fichas o tarjetas que apoyen la estructuración de la oración. Paulatinamente, se van retirando para favorecer la autonomía en la generación de enunciados.

Se considera fundamental, establecer las vías para el desarrollo del lenguaje; teniéndose como premisa la necesidad de la creación de esquemas que se han de ir interiorizando paulatinamente. Por ello, las actividades de dibujo, aplicación, modelado y construcción tienen vigencia. Vías de apoyo:

- Formar oraciones a partir de palabras dadas (niño, pelota, campo)
- Ordenar oraciones:(abeja, niño, pico, la, al)
- Interrogantes con respuestas de menor a mayor autonomía en la generación de enunciados:

  - ¿Si comiste?
  - ¿Jugaste hoy?
  - ¿Dónde comiste?
  - ¿A qué jugaste?

- Relatos de láminas, cuentos con y sin apoyo externo (guía)
- Lenguaje narrativo independiente, sobre una experiencia personal con y sin apoyo externo (guía)

La ejercitación, favorece describir características de diversos elementos, empleando opciones comunicacionales que resulten más propicias. Ej.: conceptos cinestésico – táctiles como: seco – mojado – húmedo, liso – rugoso, suave – áspero, etc. En el caso de las cualidades del gusto: ácido, dulce, salado y amargo, mientras que las olfativas: olores agradables – desagradables.

Es factible extraer información sobre características táctiles de su cuerpo, el de otras personas y de elementos del entorno. Se procesan informaciones táctiles, gustativas y olfativas, logrando integrarlas a otros sentidos, lo que permite enriquecer la comprensión de sí mismo / misma, de otras personas y de elementos del entorno y expresarlo, a través de los códigos de comunicación.

IX. b.- Habilidad Cognitiva de Comparar de Naturaleza Verbal

La habilidad de comparar, demanda del dominio las características del objeto. Estas son internalizadas durante el desarrollo de la habilidad para describir. La comparación sobre la base características externas (forma, tamaño, color, etc.) es más accesible que la referida a las internas (sentimientos, objeto de estudios de las ciencias).

El objetivo es determinar las semejanzas y diferencias entre los objetos que se comparan. De tal manera, que no es factible ejercitarla con objetos, que no fueron previamente descritos, sobre la base de su contemplación.

Es importante tener presente las premisas circunstanciales de lo que se compara. Así, por ejemplo: comparar al hombre con la mujer. Se debe precisar en relación con qué, por ejemplo, referido al activismo en la vida laboral. Pero todavía sigue siendo insuficiente, ya que no se declara en qué contexto histórico, cultural y social tendrá lugar la comparación.

Resulta factible comparar a dos autores de determinados campos del conocimiento con el objetivo de determinar aspectos comunes y diferentes. Luego, se pueden establecer estudios para precisar los matices que tiene cada uno de ellos, en relación con un determinado rasgo común o diferente.

Por ejemplo, en el ámbito de los aportes teóricos sobre un mismo objeto de estudio es importante precisar los rasgos que se van a comparar. Se pueden comparar las posturas de J. Piaget y L. S Vygotsky en relación con el origen del egocentrismo, ya que el aspecto es común a los dos autores.

Se debe argumentar la pertinencia del entrecruce de rasgos durante el proceso comparativo. Es decir indicar que Juan es alto y José es gordo. De esta comparación lo único preciso es que son diferentes. No obstante, no se puede precisar que Juan es más alto que José ni que José es más gordo que Juan.

Toda comparación, tiene que ser coherente, compatible o pierde su objetividad. No tiene sentido comparar una gallina con una silla. Lo que no quita que en las evocaciones literarias tenga lugar.

Contribuye a ejercitar la comparación el apoyo externo durante su proceso. Ejemplo:

Tabla 4. **Proceso de Comparación**

Rasgo	Objeto X	Objeto Y
Forma	+	-
Tamaño	-	+
Color	+	+
Origen	+	-

Los rasgos se comparan en un contexto horizontal. Un mismo rasgo y su presencia o no en los comparados. Así, se evita el cruce de rasgo y se permite el adecuado desarrollo del proceso comparativo.

De tal manera, es factible observar lo que tienen en común y lo que los diferencia. En este caso, tienen como diferencia la forma, el tamaño, el color y origen y en común el color.

Fruto del proceso de comparación, es factible observar lo diferente y lo común. Con lo que es común, se generan las clasificaciones.

IX. c.- Habilidad Cognitiva de Clasificar de Naturaleza Verbal

Las clasificaciones pueden ser por rasgos externos: forma, tamaño, grosor, etc., por la situación o contexto en que se ubican o relaciones que se dan entre los objetos (cuchillo – pan, vaso leche, etc.) y por el grupo clase o categoría (silla – mesa), en su condición de muebles.

En el proceso de clasificación, se presentan distractores que limitan la abstracción y la generalización de lo más relevante, que indica la esencialidad misma del objeto o fenómeno. Ejemplo:

- Pregunta: ¿qué tienen en común el jinete y su caballo?
- Respuesta: la montura (respuesta situacional)

La expresión más abstracta y generalizadora, que denota lo esencial es que son seres vivos. Es factible llegar a que las respuestas transiten hacia este nivel de complejidad, lo que devela que no son respuestas erradas. En este caso de naturaleza vivencial.

En el siguiente ejemplo se puede observar la presencia de algún rasgo en común para que se proceda a clasificar:

- Pregunta: ¿qué tienen en común el perro y el gato?
- Respuesta: que tienen pelo (repuesta orientada sobre la base de rasgo externo)

En ambos ejemplos, las repuestas son pertinentes, pero que no operan en el esencial. El jinete y su caballo son seres vivos y el perro y el gato también lo son. Una respuesta orientada a lo esencial que facilita la clasificación sería:

- Pregunta: ¿qué tienen en común la naranja y el limón?
- Respuesta: que son frutas cítricas

Una respuesta que no opere en lo esencial sería indicar, por ejemplo, que tienen semilla, ya que no siempre es así. Se precisa que todas las respuestas son válidas y los apoyos que se brindan pueden llevar hacia mayores niveles de abstracción y generalización. Por ejemplo, no todos los gatos tienen pelo y siguen siendo gatos, de tal manera dicha particularidad no es esencial.

Para contribuir a su desarrollo es factible precisar El desarrollo de esta habilidad si un objeto dado pertenece o no al concepto clase. Se ejemplifica mediante la siguiente tabla:

Tabla 5. **Pertenencia de un Objeto o Fenómeno para ser Clasificado**

Condición	Respuesta
Presenta todos los rasgos necesarios y suficientes	Si pertenece
No presenta todos los rasgos necesarios y suficientes	No pertenece
Presenta uno o algunos rasgos necesarios y suficientes, pero no se sabe si presenta otro o los otros	No se sabe No puede decirse si pertenece o no

IX. d.- Habilidad Cognitiva de Definir

La definición consiste en destacar la esencia misma del objeto de estudio. Expresa los rasgos esenciales y suficientes (indispensables) y necesarios (que no pueden faltar).

La definición, se constituye en la expresión más representativa, que le confiere clase al objeto o fenómeno. Así, mientras la ciencia no demuestre lo contario, le otorga legitimidad de pertenencia a ella.

Un perro es un animal, pero no todo animal es un perro. Entonces la definición es todavía imprecisa. Más preciso, sería decir que es un mamífero, canino. Es irrelevante, por ejemplo, la densidad de pelo o el largo de la cola.

Durante reiteradas oportunidades, se ha realizado el siguiente ejercicio: al tratar de definir bicicleta, ¿qué expresiones de las siguientes tomaría en cuenta? Se aclara que se toman los enunciados de manera total, sin modificarse:

- Dos ruedas infladas
- Impulsadas con sus propias piernas
- Medio de transporte
- Utilizada por seres humanos

Generalmente, se tiende a incluir todas las frases con lo que se logra una descripción y no una definición. En la definición, solo se expresa lo esencial, por tanto, efectivamente deben ser dos ruedas, pero si son inflables no es esencial, incluso las ruedas pueden ser macizas. En los inicios, las ruedas de la bicicleta por ejemplo, eran de hierro y de madera, imposibles de inflar o desinflar.

Con respecto a "impulsadas con sus propias piernas", no se constituye en un rasgo esencial el que sea impulsada por piernas y menos de quiénes son éstas. Igual análisis se puede realizar con respecto a quiénes la usan.

La única frase que indica un rasgo esencial de la bicicleta es medio de transporte. Sería la única de las presentes, que puede ser usada para la definición de ésta.

Toda definición está sujeta a modificación, una vez que no denote lo esencial del objeto o pueda dar la opción de pertenecer a una clase o no.

La formación de definiciones puede ser a través de los métodos: inductivo (de lo concreto a lo general) y deductivo (de lo general a lo particular). Generación de la definición de medios de transportes. Ejemplo:

- Vía inductiva. Acción experimental:

  - Desplazarse por sí mismo, luego realizar la acción en un velocípedo; posteriormente en una bicicleta y más luego observar otros medios de transporte que se utilizan en la cotidianidad

El sujeto describe y analiza los diferentes medios. Todos los que sirven para trasladarse, se llaman medios de transporte.

- Vía deductiva:

- Hay medios que se utilizan para trasladarse de un lugar a otro. Estos medios se denominan transportes. Si una persona, por ejemplo, se desplaza sobre algo, ese algo es un transporte. El sujeto indica que lo esencial del medio de transporte es que permite el desplazamiento

Para seguir con los argumentos, por ejemplo, en la literatura especializada sobre los trastornos del habla, se indica que la dislalia es un trastorno del habla, específicamente de la pronunciación. También lo es la disartria. Pero, la dislalia no es igual a la disartria. Esto debe quedar expresado en la esencialidad de ambos conceptos, tanto de la dislalia como de la disartria. Así, se debe indicar que la dislalia es un trastorno de la pronunciación que no tiene base neurológica, mientras que, en la disartria, la afectación neurológica si está presente.

Continuando con ejemplos de este mismo campo de las ciencias, se puede decir que la rinolalia es un trastorno del timbre y la pronunciación. Se podría entender que una persona que tiene afectado el timbre y la pronunciación es portador de la misma, lo cual no es cierto. Para ser más preciso, habría que enunciar en el concepto que ambos trastornos tienen la misma base o mecanismo de afectación. Lo contario, sería aceptar que rinofonía más dislalia, sería igual a rinolalia.

Para definir a los animales mamíferos, no es esencial indicar cómo son sus extremidades, sino cómo se reproducen y alimentan a su descendencia. Se trata de ejercicios de abstracción y de generalización que implican dejar a un lado las características no relevantes y operar en las esenciales.

Al preguntarle a un niño ¿cómo sabes qué es un pájaro?, contesta porque tienen pico, plumas y alas. Se le señala que las gallinas también tienen esos atributos y no son pájaros. Es decir, no son rasgos esenciales del pájaro. Lo esencial del pájaro es que se trata de un ave voladora, que a diferencia de la gallina trina y no cacarea, aunque de debe reconocer que realiza cortos vuelos.

De tal manera, la ejercitación cognoscitiva se constituye en un viaje permanente hacia la esencialidad. De la contemplación directa del mundo circundante a su representación mental, denominación y posterior categorización; para expresar su relevancia, a través de la aplicación en las condiciones cambiantes de la práctica.

IX. e.- Habilidad Cognitiva de Argumentar

La internalización de las definiciones permite su conjugación para la exposición de juicios, con la finalidad de fundamentar la conformidad o veracidad de otro juicio o idea dada. La argumentación demanda demostración.

El desarrollo de esta habilidad refleja solidez del conocimiento e interiorización consciente de cualidades, valores y formas de conducta. Lleva implícita la toma de posición e implica indicar las razones, el porqué de una postura u otra. Favorece el desarrollo de la argumentación:

- Formación de representaciones sobre el mundo circundante
- Formación de definiciones
- Búsqueda de información. Su análisis y síntesis
- Elaboración del conocimiento desde una perspectiva universal
- Desarrollo metacognitivo

La formación de representaciones sobre el mundo circundante a partir de las propias vivencias, a través de la experimentación activa y consciente lleva hacia la determinación de los rasgos esenciales, que se constituyen en la base de la formación de las definiciones; que se activan durante la formulación de enunciados argumentativos.

La búsqueda, análisis y síntesis de la información facilitan conocer sobre un objeto de estudio. Ello brinda la opción de observar el estado del arte en las ciencias, se estimula la reflexión y se hace factible asumir posturas, sobre la base de criterios fundados y, generar dudas sobre aspectos no resueltos a través de la investigación. De tal manera, se conciben nuevos problemas científicos. Este es el camino para el tránsito de la argumentación por adherencia a la argumentación expresada sobre evidencias personales en el contexto del conocimiento universal.

La argumentación por adherencia se refiere a cuando ocurre la afiliación a ideas que son expresadas por determinados filósofos, investigadores y otros. Mientras que las personales emanan de las propias vivencias y que en su expresión de mayor rigor se formulan desde la investigación científica.

El dominio del estado del arte de las ciencias y la implementación de diversas estrategias para solucionar problemas permiten adoptar posturas metacognitivas que fortalecen los argumentos, que se esgrimen con respecto al comportamiento de los objetos de estudio.

La ejercitación de la habilidad de argumentar se sugiere realizar a través de asunción de roles a favor y en contra de un mismo criterio o postura. Por ejemplo, argumentar por qué es necesario cultivar marihuana y luego por qué resulta innecesario. La experiencia demuestra que apoya el desarrollo de las habilidades para escuchar y procesar ideas que no resultan convergentes con el propio modo de pensar. El diálogo democrático y la exposición libre de ideas contribuyen a la flexibilidad del pensar para consolidar, modificar o cambiar los argumentos que se esgrimen. La coexistencia de puntos de vistas, que en ocasiones parecieran antagónicos, pudieran ser más coincidentes; que los enunciados que se formulan. Estar dispuesto a decodificar ideas de otros y otras fortalece el acervo argumentativo. Esta habilidad opera en información procesada, que se convierte en conocimiento, que se somete a evaluaciones y juicios valorativos.

En general, las habilidades cognoscentes no verbales y verbales demandan de mecanismos de control, que permitan ejecutar evitando los errores.

CAPÍTULO X: HABILIDAD PARA EL CONTROL

Con control, se logra calidad en los procesos y en los resultados

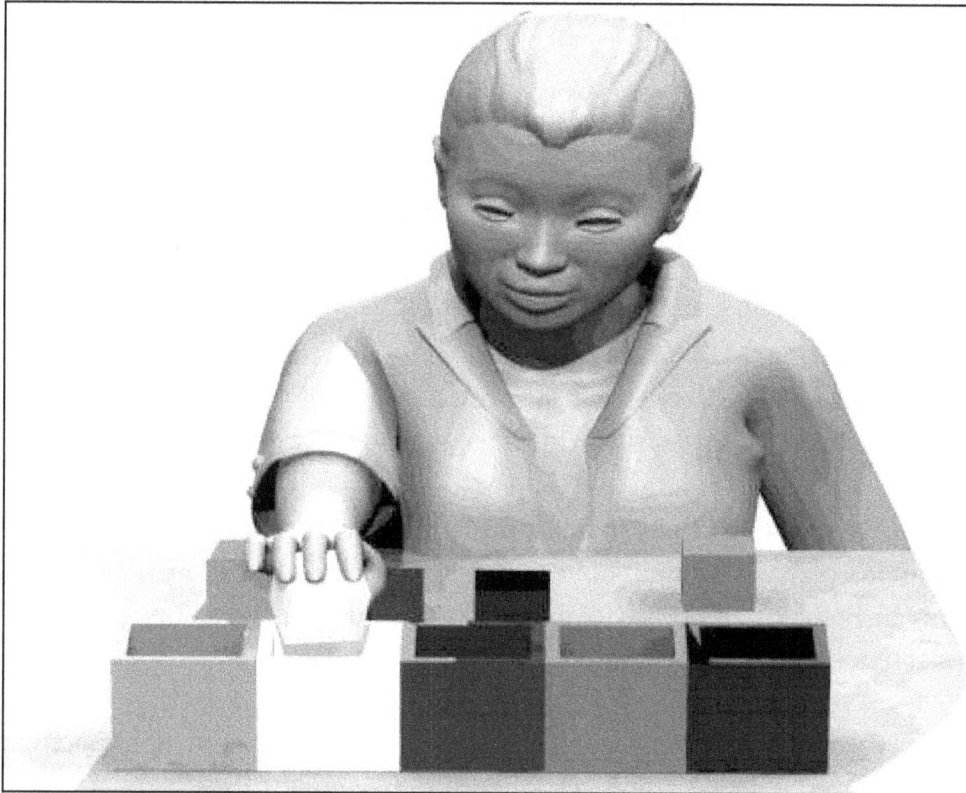

La habilidad para controlar la calidad de las actividades durante el proceso de resolución de problemas ocurre en el tránsito de las formas externas hacia el accionar autónomo. En este contexto, es importante el desarrollo de la atención, teniendo como variable fundamental la presencia o no de errores, que no están vinculados al no querer y no saber hacer.

X. a.- Estabilidad y Distribución de la Atención

La atención es una cualidad de la actividad psíquica que facilita el control sobre lo que se ejecuta en el tiempo (estabilidad) y que tiene lugar en la simultaneidad de actividades (distribución). Para su desarrollo es necesario tener en cuenta los aspectos siguientes:

- La instrucción, que se brinda para la ejecución de una tarea determinada, debe ser clara y precisa. Ejemplo de instrucciones que impliquen distintos resultados:
  - Instrucción 1: escucha las siguientes palabras
  - Instrucción 2: escucha las siguientes palabras, para que luego las repitas

En la segunda instrucción, el sujeto se dispone a escuchar atentamente para recordar las palabras que se enuncien. En la primera es sólo un llamado a la escucha.

- El mediador debe ofertar el plan de acción del ejercicio, haciendo énfasis en la sucesión lógica de la actividad. Ejemplos: pasos a cumplir en el cumplimiento de la tarea y los indicadores que se deben tener en cuenta

- Desarrollar el autocontrol sobre la acción, a través de la comparación de resultados parciales y final con el plan de acción y sus indicadores. Ejemplo: realizar actividades de coevaluación y autoevaluación con el apoyo en una pauta

- Ejecutar actividades que eleven paulatinamente su complejidad. Por ejemplo, realizar actividades manuales y verbales de forma simultánea:

  - Desarrollar la habilidad para clasificar objetos
  - Desarrollar la habilidad de describir la clasificación de objetos
  - Verbalizar mientras se ejecutan las acciones y operaciones de clasificado, primero sobre lo que hace, hizo y más tarde sobre lo que hará; observando la presencia o no errores

En la medida que se hace efectiva la simultaneidad entre la actividad manual y verbal, se estimulan las verbalizaciones sobre vivencias, que no se encuentran en relación con lo que se ejecuta. Por ejemplo: sobre lo que hizo el día anterior, la semana pasada, lo que hará en las vacaciones, etc., observando la presencia de errores.

Para lograr que la atención se mantenga estable se transita hacia actividades que aumenten su complejidad. Ejemplo: clasificación de elementos.

Objetivo: desarrollar la estabilidad de la atención.

Material: cuadrados (25) de diferentes colores, del mismo tamaño, acorde con las posibilidades de manipulación del sujeto.

En la mesa colocamos dos cajas vacías de color blanco y negro. El sujeto debe colocar cuadrados (50) de los colores citados, que se encuentran mezclados entre sí en una tercera caja. El mediador propone la táctica más productiva para la acción y nombra el color de los cuadrados. En el caso de que se cometan errores en el proceso de clasificación, la atención del sujeto se dirige a su detección y corrección.

En la medida que se logra una correcta realización del ejercicio, se aumenta el número de cuadrados de otros colores y sus correspondientes cajas, por ejemplo: verdes (25).

Al sujeto se le pide nombrar los cuadrados al mismo tiempo que los ubica en la caja correspondiente. Se estimula el empleo de la táctica más productiva y solo se dirige la atención hacia la detección de errores, si estos son continuos. Al terminar el ejercicio, busca sus errores cometidos y de realizarse de forma grupal, unos a los otros.

En la medida que domina la operatoria, se hacen preguntas que provoquen hablar sobre la propia actividad, buscando el logro de la simultaneidad de la acción y la palabra; siguiendo los pasos metodológicos ya indicados.

De tal manera, se necesitan de mecanismos externos de retroalimentación para que luego sean internos, de origen propio. El control debe tener lugar sobre el proceso y sobre el resultado.

X. b.- Control como Proceso y como Resultado

Siguiendo la idea del desarrollo de la habilidad de control como proceso (etapas) y finalmente como resultados, se indica que el hacer se acompaña con mecanismos de control, que faciliten los aprendizajes de forma autorregulada. El control tendrá lugar en la misma medida que las actividades alcancen un alto grado de automatización y diferenciación. Toda habilidad en desarrollo debe pasar por las etapas pre ejecutora, instauración, automatización y comparación.

En la etapa pre ejecutora se ejercitan operaciones aisladas de una acción, luego se integran las acciones y operaciones específicas en la etapa instauración. Se trata de la formación de un sistema armónico, coordinado de acciones y operaciones precisas para la ejecución de una tarea dada.

El resultado alcanzado debe someterse a su ejercitación en diferentes situaciones (automatización). Una vez consolidado el resultado, se procede a realizar ejercicios comparativos. Dichas etapas se ilustran etapas por medio de un ejemplo:

Un menor puede omitir un sonido al hablar y en tal caso, deben generarse los movimientos pre articulatorios necesarios para emitir el mismo.

Una vez presente las condiciones de movilidad, es factible que se instaure el sonido. El que sea ejecutado de manera aislada, no es indicador de que pueda incorporarlo a la palabra hablada. Se procede a su automatización, es decir a la ejercitación con diferentes combinaciones sonoras en la sílaba, palabra, oración y párrafo.

El sonido automatizado, es necesario evitar que lo confunda con otros. Ello demanda ejercicios comparativos, que permiten consolidar sus particularidades y relación con determinadas grafías; lo que a su vez favorece incidirá favorablemente en el aprendizaje de la escritura.

El ejemplo muestra la generación de condiciones para la ejecución autorregulada de una habilidad para pronunciar un sonido desde un máximo apoyo externo a una reducción paulatina del mismo, hasta lograr la total autonomía.

En este contexto, se observa la relevancia de que en los aprendizajes se cuenten con modelos externos, criterios claros, precisos y exigencias de las tareas que se asignan. Ello, permite comprender la génesis de las limitaciones y proceder a mejorar sobre la base evidencias fundadas.

Siguiendo con los ejemplos, en la ejecución de un ejercicio de redacción, se deben especificar las exigencias a tomar en cuenta:

- Extensión del trabajo
- Margen y sangría
- Tipo de letras, tamaño, etc.
- Ortografía
- Sintaxis
- Ajuste al tema
- Orden lógico
- Otros

Cada una de estas exigencias debe ser formulada con precisión en cuanto a su particularidades cuantitativas y cualitativas, para que resulten orientadoras de los requisitos normativos.

En general, la programación de las actividades demanda de pasos a seguir, que pueden ser externalizados y permanecer como apoyo durante la ejecución de las diferentes acciones y operaciones. Ejemplo: actividad de indagación:

- Definición del problema a indagar
- Fundamentos teóricos para el desarrollo de la indagación
- Vías metodológicas para el desarrollo de la indagación
- Análisis de resultados
- Conclusiones
- Recomendaciones

Luego se van retirando los apoyos, omitiendo pasos requeridos en la actividad de indagación, hasta que se ejecute sin ellos.

Siguiendo con la idea de la implementación de mecanismos de retroalimentación de logros, se precisa que en los procesos evaluativos las calificaciones no se muestran con claridad. Cuando un estudiante alcanza una nota de 4.0 en una escala que expresa como mayor máximo 7,0 puede decir que está aprobado con la nota mínima, que ha vencido el estudio emprendido, pero le faltaron 3 unidades para ver logrado el más elevado resultado. Esta información no se constituye en un recurso para que adopte una postura metacognitiva, que le favorezca la mejora continua. La vía es que cada resultado de aprendizaje se acompañe con los logros de sus respectivos indicadores. Ideal es que la información sea oportuna y argumentada, para que tiempo se tomen las medidas requeridas.

X. c.- Autovaloración

La evaluación de procesos y resultados sobre la base de indicadores o pautas claras facilita observar logros y limitaciones y, con ello, transitar de la valoración externa a la autovaloración. Esta se forma sobre la base del control y correlaciona los resultados obtenidos con las exigencias de la tarea.

El desarrollo de la autovaloración permite la generación de una mirada autocrítica sobre el nivel logros de las habilidades en general. Se conjuga de manera adecuada la proposición de metas y aspiraciones, con las condiciones previas para alcanzar determinados logros.

Proposición y aspiración de logros con autoconciencia y de manera objetiva, contribuyen a la armonía entre las necesidades, capacidades y desarrollo cognoscente alcanzado; así como a comprender posibilidades y limitaciones en correspondencia con las inducciones, emociones y estados afectivos en general del aprendiz. En síntesis, se trata de conjugar los aspectos siguientes:

- Disposición para adquirir nuevos conocimientos por sí mismo
- Separar lo esencial de lo complementario
- Operar en lo fundamental
- Contar con mecanismos de control y autocontrol

Al seguir el camino indicado se establece como opciones de apoyo:

- Orientar la actividad de estudio y motivar los aprendizajes
- Introducir el nuevo conocimiento, a partir de los conocimientos y experiencias precedentes
- Estructurar el proceso de enseñanza – aprendizaje hacia la búsqueda activa del conocimiento por el alumno o la alumna
- Concebir un sistema de actividades para la búsqueda y exploración del conocimiento por el alumno o la alumna, desde posiciones reflexivas
- Estimular la formación de conceptos y el desarrollo de los procesos lógicos de pensamiento en la medida que se produce la apropiación de los conocimientos y se eleva la capacidad de resolver problemas, bajo fundamentos teóricos
- Desarrollar formas de actividad de aprender en contextos cooperados. Atender las particularidades individuales en el desarrollo, en el tránsito del nivel logrado hacia el que se aspira
- Vincular los aprendizajes con la práctica social, asumiendo criterios que favorezcan la conformación de la autoestima

Un ejemplo para contribuir desde el control a la autovaloración en la asignatura de matemáticas:

Para llegar a dominar la acción de "adicionar números naturales", el alumnado necesita manipular objetos y formar conjuntos, reconocer cómo se realizan estas operaciones, comprender la descripción de estas operaciones por el profesor o la profesora, describirlas con sus propias palabras y, realizar las operaciones con seguridad, comprendiendo su significado.

De tal manera, se puede aceptar que un alumno realice correctamente la adición de números naturales, pero por ejemplo, no sepa explicar cómo lo hace. Una cosa es saber hacer y otra es tener claridad metacognitiva de la operatoria. Esta claridad metodológica facilita precisar las fortalezas y debilidades en los aprendizajes para desde las potencialidades asumir nuevos retos. Se destaca que el hacer consciente favorece la autonomía cognoscente y sobre criterios fundados se matiza la autoestima.

La pertinencia y calidad del sistema de tareas que el estudiante recibe como orientación para el trabajo independiente, es un aspecto fundamental para lograr motivación, dedicación al estudio y solidez en el aprendizaje.

Para seguir ejemplificando, en otra situación de enseñanza aprendizaje, con frecuencia, cuando los alumnos y alumnas presentan dificultades en el cálculo, los profesores insisten en que repitan una y otra vez los algoritmos estudiados. Numerosas investigaciones muestran, sin embargo, que gran parte de los errores que se cometen al calcular, se deben a falta de dominio del sistema de numeración decimal. Al iniciar el estudio de la numeración, el alumno debe realizar operaciones con materiales concretos.

Trabajar con ábacos, sistemas de bloques (que representan unidades, decenas, centenas y unidades de millar) y otros medios que contribuyen a la comprensión de la estructura de la numeración decimal (en la que el significado de una cifra depende del lugar que ocupe), es un momento ineludible que no debe ser sustituido por dibujos, tirillas de papel y otros medios que reclaman un nivel de abstracción; que no todos los niños y niñas son capaces de alcanzar desde el primer momento.

Orientando tareas adecuadas, promoviendo el estudio cooperado de los alumnos y las alumnas y controlando los resultados de su realización, se pueden desarrollar las habilidades para el trabajo independiente, de manera que sean vías para el desarrollo de la autovaloración.

Se considera que la evaluación, coevaluación y autoevaluación sobre indicadores de logros facilita conformar las proyecciones para la mejora continua en el hacer conjunto, que refleja la estima social por los demás y que facilita la conformación de la autoestima.

En general, el desarrollo de las habilidades cognoscitivas no verbales y verbales en el contexto oral, así como la posibilidad de atender y controlar las propias actividades favorece el aprendizaje de la lectura y escritura.

CAPÍTULO XI: LECTO – ESCRITURA

En la ontogenia, el lenguaje es oral para luego ser escrito

El desarrollo de la lecto – escritura, aparece más tarde que el lenguaje oral y precisamente sobre su base. El lenguaje escrito comprende los procesos de escritura y lectura; ambos utilizan los mismos medios, es decir, las grafías (grafemas, signos de puntuación, etc.). La lectura y la escritura como procesos se auto condicionan, facilitando la existencia de uno, la realización del otro. El que escribe, al mismo tiempo lee lo escrito, autocontrolándose.

Desde el punto de vista del sentido de la realización del enunciado, la escritura va de la idea al texto y la lectura del texto a la idea. De aquí, que la escritura se encuentre en más estrecha relación con el aspecto expresivo del lenguaje y la lectura, con el aspecto impresivo. Ello, hace que los entornos letrados, durante la aprehensión del lenguaje oral, favorezcan el desarrollo temprano de la lectura global, es decir contribuyen a la asociación de las palabras sonoras con sus representaciones gráficas.

XI. a.- Proceso de Lectura

La lectura va de la palabra a la idea: percepción del complejo de letras: recodificación de estas en sonidos y el reconocimiento del significado de la palabra. Establecer la relación entre el fonema y sus posibles representaciones gráficas, demanda de estabilidad de la atención y orientación espacial precisa. Opera en la realización de pausas que indican los signos de puntuación.

El proceso de lectura comprende los componentes operacionales indicados y que son propios de su nivel sensorio – motriz. No obstante, su razón de ser está en el logro de la comunicación que tiene en lugar en el nivel semántico, es decir de las ideas. Su naturaleza es comunicacional y se orienta a la comprensión del texto. Es factible que se reproduzcan palabras y oraciones graficadas, por ejemplo de otras lenguas que no se dominan, pero no puede decirse que se está leyendo. No obstante, es posible que el aprendizaje esté ocurriendo en el nivel sensorio – motriz y se limite la comprensión, lo que debe ser comprendido como una herencia del método de enseñanza y no como atributo de la lectura.

La lectura puede realizarse de forma oral o para sí. La lectura oral se caracteriza por su fluidez (cercana al lenguaje conversacional). Depende de la amplitud del campo visual: percepción visual de las palabras, su comprensión y la automatización del proceso. Influye el tipo de texto: científico, histórico, cuento, poema. De igual forma sucede con la lectura para sí, con la diferencia que no tiene emisiones sonoras. En sentido general sus particularidades son:

- Lectura orientada a la comprensión: es consciente y requiere entender las palabras, las oraciones, apreciación de las imágenes evocadas mediante el texto, la valoración de acciones de los personajes, la explicación de hechos, la aprehensión del mensaje del texto y su disfrute
- Expresividad: goce estético, permite comunicar los sentimientos y emociones del autor y las propias. Es necesario el uso adecuado de las pausas, según los signos de puntuación y entonación, apropiada respiración verbal, tono de voz pertinente y ritmo según demande la lectura
- Las actividades de lectura deben ser parte otras actividades, como los juegos, generar reacciones afectivas, placer, sentimiento; han de favorecen la inducción propicia hacia ella. En particular, que resulte accesible y que se oriente a la comprensión, sobre el dominio acabado de aspectos sensorio-motrices, propio de este proceso. Actividades:

- Ejercicios de orientación espacial. Ver capítulo VI de este libro
- Ejercicios de discriminación auditiva con la presencia de las grafías correspondientes. Ver capítulo V. de este libro

- Lectura con cambios de posiciones de letras en las palabras:

    anda - n**a**da
    paso - sa**p**o

- Lectura con cambios de las letras en la misma posición en la palabra:

    mira - **mo**ra
    ratón - **l**atón

- Selección de palabras con sonidos iniciales o finales iguales:

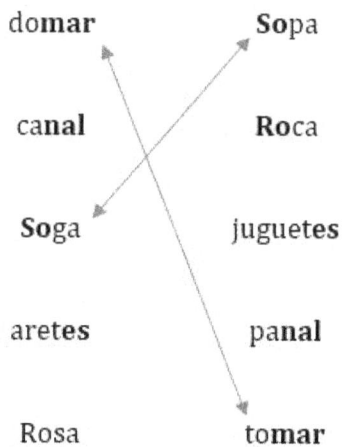

domar   Sopa

canal   Roca

Soga   juguetes

aretes   panal

Rosa   tomar

- Lectura de palabras y oraciones a través de tarjetas, atendiendo a la complejidad silábica. Ejemplo: brazo, construcción, transporte y otras

  - Ejercicio para la acentuación:

    pa**pá** - papa
    sabana - **sá**bana

  - Ejercicios para la comprensión:

    - Leer y seleccionar la palabra que convenga para completar oraciones
    - Señalar el significado de la palabra desconocida, apoyándose en el contexto
    - Determinar en una lista de palabras, las que se relacionan con la palabra dada

- Hacer corresponder un fragmento de una lectura con una imagen específica
- Pronosticar determinados hechos o situaciones a partir de un título o frase sugerente
- Representar con mímica y gesto a partir del texto leído. El sujeto debe sentir que cuenta con el tiempo para exponer sus ideas sobre la lectura, que exponga cómo llegó a ellas y ejemplifique, asociándolas con sus experiencias cotidianas

- Ejercicios para la fluidez:

  - Lectura de palabras de menos a más sílabas
  - Lectura de oraciones (de menos a más palabras) en forma de abanico, con movimiento de apertura de izquierda a derecha. Ejemplo: Jorge/juega a la pelota/ con los amigos
  - Juegos competitivos con cumplimiento de órdenes escritas sin y con lectura oral
  - Lectura de palabras y oraciones con presentaciones cada vez más reducidas en el tiempo de presentación
  - Completar oraciones leídas entre un grupo de palabras, que aparecen a continuación de la lectura realizada:

    - La pelota _____   pelota
    - El gato tomó _____   saltó
    - Los niños juegan a la _____ leche

- Ejercicios para la expresividad:

  - Lectura de frases a partir de la asunción del papel de personajes de las lecturas realizadas
  - Dramatización de textos para expresar los sentimientos de los personajes
  - Lectura exclamativa con demostración de diferentes estados de ánimo: alegría, miedo, asombro, etc.
  - Cambio de la expresión al sustituir los signos de entonación
  - Interrogación con aumento de palabras:

    - ¿Quieres jugar?
    - ¿Quieres jugar a la pelota?
    - ¿Quieres jugar a la pelota con tus amigos?

  - Lectura con marcado de las pausas en un texto
  - Lectura de diálogos, teniendo en cuenta los signos de puntuación

- Lectura de una misma frase, atendiendo a los signos de entonación

La lectura es un proceso activo, lo que se manifiesta en la estrategia que la rige. El lector constantemente se adelanta y presupone lo que será leído; al mismo tiempo, se establece una regresión, en caso de ser necesario para corroborar la veracidad de esta; si es necesario, se corrige.

En las etapas iniciales de su formación, se puede observar cómo la captación del primer complejo de letras provoca generalmente el surgimiento de suposiciones, que son más frecuentes, si se acompaña a la palabra con una ilustración. En estos casos, la lectura toma un carácter adivinatorio.

Un niño o niña puede hacernos pensar que está leyendo un texto de un libro, que por sus ilustraciones sabe con perfección lo que está escrito y ha logrado memorizar. De acá el que se ejercite con la modificación paulatina de los contextos.

Cuando el proceso de la lectura ha alcanzado un alto grado de automatización, el primer nivel operacional (sensorio - motor), es desplazado a un segundo plano, predomina la comprensión (nivel semántico); el mecanismo de establecimiento de hipótesis hace que el lector concrete toda su atención en entender la información encerrada; no ya en la palabra o la oración, sino en el texto completo.

XI. b.- Lectura Global

El desarrollo de la lectura global tiene como meta relacionar la palabra oral con su representación escrita o gráfica.

A partir del momento en que el niño o la niña de muestras de asociar las palabras habladas con los objetos, animales y personas, es factible incorporar sus escrituras junto con las respectivas imágenes. Ejemplo:

Si un niño se orienta hacia la madre cuando se le dice 'mamá', se le colocará en un mural dentro de su campo visual una foto de la mamá y debajo la palabra mamá. Con sistematicidad, pero por breves espacios de tiempo (no más de tres segundos), se relaciona la imagen con la palabra, a través de la siguiente indicación: mamá y se señala con un gesto la palabra gráfica.

Desde este punto de vista, la estimulación temprana de la lectura y la posibilidad de utilizarla como recurso para el desarrollo del propio lenguaje oral es factible que se incorpore a todas las etapas de ejercitación. No sería un inconveniente, por el contrario, actuaría como un recurso de reforzamiento.

Todos los objetos e imágenes que se ejerciten tendrán graficada su denominación. Se recomienda letra imprenta porque es la más frecuente.

Se precisa, que es una decodificación de naturaleza global referida al objeto en sí mismo. Simplemente se trata de un atributo más, que cualifica el objeto y que puede ser indicado casuísticamente. La práctica señala, que lo más difícil es vencer el tratar de que el mediador tienda al silabeo propio del aprendizaje de la lectura, a través del análisis fónico. La esencia está en el dominio del contenido y no de la forma. Hay que tratar inhibir esta tendencia.

El tamaño de las letras estará en correspondencia con el volumen del objeto y el tamaño de las imágenes. No obstante, se recomiendan las siguientes medidas:

- Cartulina de unos 15 cms de alto por 70 cms de largo
- Las letras deben ser de unos 12 cms de alto con una separación entre ellas de 1 cm.
- Todas en color negro

Toda la ejercitación antes referida se realizará con frecuencia e intensidad según establezca las diferencias individuales de las personas. El desarrollo de la lectura global tiene como meta relacionar la palabra oral con su representación escrita o gráfica.

Inicialmente, la denominación de las representaciones gráficas hace referencia a que es un proceso de identificación de la palabra escrita con el objeto correspondiente. Inicialmente en pasivo y luego activa. Ejemplo de ejercitación:

- Relación del objeto o imagen con su denominación:
  Medios: imágenes de perro, silla, pelota y las palabras escritas de cada uno de forma individual
  - Asociar cada uno de ellos con sus respectivas denominaciones
  - Dispersión de las partes asociadas y se solita que las unan de nuevo y se nombra de forma fluida, indicando la palabra escrita
  - Se vuelve a desordenar y se toma una imagen y se dice la palabra que debe tomar en sus manos y así con las restantes
  - Marcar las representaciones gráficas (en madera u otro material)
  - Perfilar las representaciones gráficas en el aire con un dedo o con un lápiz
  - Perfilar el objeto en plastilina o con medios similares
  - Reconocer la denominación gráfica incompleta
  - Ubicar la denominación de objetos entre otras, de forma contaminada (camuflada, mixturada, con distractores). Denominaciones superpuestas, donde es factible visualizar algunas partes del total de la palabra
  - Comparar denominaciones gráficas sobre la base de características seleccionadas, por ejemplo, la forma
  - Integrar la denominación a partir de sus partes gráficas
  - Modelar en plastilina la denominación gráfica de memoria: dirigida y libre

De igual manera, se realizan actividades con palabras que cualifican (bonito, grande, amarillo, etc.) al objeto, que indican su ubicación (arriba, abajo, etc.), su estado (acostado, parado, etc.), lo que hacen (salta, rueda, etc.). Claro que todas ellas serán por primera vez introducidas, a través de acciones y sus imágenes como se demostró.

Ejemplo con una palabra escrita: pelota

- El facilitador hace saltar la pelota e incita al niño o la niña a continuar, mientras se insiste en que salta
- Facilitador: ¿qué hace la pelota?
- Sujeto: salta
- Se presenta la palabra salta
- Se coloca la imagen de la pelota y debajo "pelota salta"

Ejemplo con la imagen de una casa fea y de una casa bonita

Se le pide al sujeto que encuentre entre otras denominaciones la palabra casa y la ubicará debajo de la imagen. Luego se le pide que siga buscando para hacerlo mismo con la otra casa.
Facilitador: ¿cómo es esta casa?
Sujeto: fea
Facilitador: la casa es fea y señala su denominación escrita y la ubica al lado de la palabra casa que le corresponde y pregunta: ¿esta casa cómo es?
Sujeto: bonita
De igual forma se selecciona la palabra escrita bonita y se ubica al lado de la palabra correspondiente.

Durante la ejercitación, es evidente que el sujeto estará en un permanente activismo verbal inevitable y bienvenido. En la siguiente fase, dicha intención podrá alcanzar toda su amplitud, ya que se procederá a la realización de preguntas sobre lo que el sujeto hace.

En la medida que se realizan las ejercitaciones es factible que se activen las propias verbalizaciones. No obstante, es posible que se estimule a través de ordenes y preguntas. Ejemplo: El mediador toma la pelota y le pide que tome la palabra escrita, cuando la tiene en sus manos procede a preguntarle: ¿qué tienes en la mano?, ¿qué hace?, ¿cuándo lo hace?

Esta modalidad de activismo verbal tiene lugar cuando se han ejercitado todas las palabras en forma pasiva. En el ejemplo se trata de pelota, salta, piso y ahora.

El dominio de una diversidad de palabras escritas facilita la ejercitación de la habilidad de clasificar sólo con ellas, sin la presencia de los objetos. Ejemplo:

- Clasificación de naturaleza pasiva

Ante el sujeto las palabras de los objetos y se le incita a jugar y sobre la base de la agrupación libre que él realice, se procede a la ejercitación siguiente:

- Toma todas las palabras del grupo familia, personas, animales, etc.
- Extrae todas las que denominan colores (formas, tamaños)
- Recuerda la palabra en su espacio de ubicación. Aumento paulatino de la fila de estímulos.

- Clasificación de naturaleza activa

Ante el sujeto las palabras de los objetos y se le incita a jugar y sobre la base de la agrupación libre que él realice, se procede a la siguiente ejercitación por medio de preguntas del facilitador:

- ¿Qué palabra tomaste?
- ¿Dónde la pones?
- ¿Por qué?

Se sugiere disminuir los grupos de palabras de los objetos, hasta llegar a vivos e inertes. Se pide disminuir la cantidad de grupos (unir) y explicar la razón de la reagrupación. Nombra las palabras que se sitúan en el mismo lugar, solicitando que diga por qué.

En todos los casos el que nombra la palabra, sus estados y cualidades debe ser es el sujeto, de no ser así lo hace el facilitador y se le estimula la repetición de la palabra, así como la posible explicación.

Según necesidades particulares del sujeto, se brinda la orientación que apoye la realización de las agrupaciones. De igual manera, es posible proporcionar una guía externa para la ejecución de las tareas, por ejemplo las imágenes de agrupaciones, sin sus palabras escritas. Se debe retirar paulatinamente.

Es importante dejar ejecutar solo para que se gane en independencia. Cuando se considere pertinente, se puede trabajar el detalle o al final de la actividad.

Se recuerda, que durante el proceso de clasificación, debe estimularse la reducción paulatina de los grupos sobre la base de sus rasgos más esenciales y generalizadores.

XI. c.- Proceso de Escritura

La base de su enseñanza de la escritura no es la actividad realizada con las letras, sino con los sonidos del lenguaje humano. Implica establecer relación entre el fonema y el grafema. Demanda estabilidad de la atención y orientación espacial precisa, fluidez motriz fina y coordinación viso-motriz.

La escritura consta de dos niveles: sensorio - motor el cual proporciona la técnica de la escritura y un nivel más alto que garantiza la realización de la escritura como actividad verbal, denominado semántico. Para que la escritura sea un proceso cognoscitivo, resultan insuficientes los mecanismos sensoriomotores; es necesario el dominio de la estructura semántica, léxica y gramatical del idioma.

El primer nivel sensoriomotor se encuentra integrado por las operaciones señaladas antes (análisis sonoro, selección de la grafía correspondiente y codificación de la imagen visual de la letra en el correspondiente grafema).

El segundo nivel semántico, es propiamente el que permite la realización espontánea de la escritura, y responde a un motivo o idea específica, haciendo uso de los códigos semánticos, sintácticos y gramaticales de la lengua.

Percibir auditivamente los sonidos del lenguaje, diferenciarlos y generalizarlos en las palabras como unidades diferenciales – ideativas, es decir, el poder reflejar las particularidades principales de los fonemas y sus variantes, es una premisa necesaria para que el niño o la niña pueda dominarla.

El análisis sonoro hace posible la distinción de los sonidos en sucesión que forman la palabra y la fijación precisa del sonido en calidad de variante del fonema son premisas primarias de la escritura.

La segunda, consiste en el paso de los sonidos (fonemas) a los correspondientes esquemas gráficos visuales, es decir, a las grafías o letras. Esto ocurre con relativa facilidad y sólo se presentan dificultades en los casos de letras similares que se diferencian solamente en su organización espacial (d, b). Así, la escritura en espejo puede tener lugar como consecuencia de que no se defina dónde debe comenzar el trazo.

Con esto se señala que el acto de la escritura puede tener lugar en el nivel sensorio – motor sin la participación del nivel semántico. La copia, el dictado, tiene lugar en el nivel sensorio – motor, sin necesidad de incluir el segundo nivel. Sin embargo, la composición exige un nivel más alto de realización, ya que en ella tiene lugar la codificación de la idea propia en los signos gráficos. Se hace necesaria la inclusión de los códigos semánticos y gramaticales de la lengua.

La escritura con relevancia en el significado requiere la comprensión de las palabras, las oraciones, apreciación de las imágenes evocadas mediante el texto, la valoración de acciones y personajes, la explicación de hechos, la precisión del mensaje del texto y el disfrute de la propia persona que la genera.

Las actividades de la escritura como parte de juegos y que generen placer, sentimientos positivos favorecen la inducción favorable hacia ella. En particular, que resulte accesible y se oriente a la generación de enunciados que expresen idea sobre la base del dominio acabado de aspectos sensorio-motrices, propios de este proceso.

- Ejercicios facilitadores del dominio del lenguaje escrito:

- Ejercicios de orientación espacial
- Ejercicios de discriminación auditiva
- Recorrido corporal sobre letras
- Realización de movimientos de recorrido de letras en el espacio con el dedo índice, luego con un palo y la disminución paulatina del peso y grosor, favoreciendo el movimiento de pinza; luego en la arena
- Realización de movimientos con un lápiz sobre letras en un cuaderno, luego sus siluetas y líneas discontinuas. Siempre de izquierda a derecha y de arriba abajo

El desarrollo del lenguaje escrito ocurre al unísono con el del lenguaje matemático. La cuantificación es un hecho natural del acontecer ontogénico.

CAPÍTULO XII: LENGUAJE MATEMATÍCO

Calcula porque se orienta

El cálculo se concreta en las acciones y operaciones necesarias para arribar a un resultado, a partir de datos previamente conocidos. Las habilidades para el cálculo se desarrollan en la interacción con el medio. Al inicio, a través de las relaciones inmediatas, contemplativas con la ayuda de las sensaciones y movimientos, luego por medio de las representaciones mentales.

XII. a.- Relación Espacial

Favorece la ubicación en el espacio para la realización de los movimientos propios de lectura y la escritura de los números de izquierda a derecha y de arriba hacia abajo, así como la orientación en diferentes direcciones con vista a la ejecución de operaciones de cálculo. Ver ejercitación en el capítulo VI de este libro.

XII. b.- Representaciones de Cantidades

El lenguaje matemático es una expresión de la necesidad de contar y ordenar. Por el contrario, la expresión de un conjunto que indicaba que los grupos de objetos no tenían ninguno de ellos, fue algo posterior y que da paso a la aparición del cero. Es decir, es factible entender que el aprendizaje de la matemática debe empezar por denotar lo que hay y su expresión mínima es la cantidad uno.

El sistema decimal comprende los números del 0 al 9, donde el 1 es la unidad de primer orden y la base del sistema es 10. Se generan nuevas cifras a partir de las posiciones que los números ocupan, mientras que en el sistema romano, el cambio de valor se obtiene sumando los valores del símbolo primario.

La aparición del cero en el sistema decimal ocupa un espacio, que es relevante denotar en la generación de cifras. Por ello, desde el inicio de la escritura debe favorecerse su ubicación implícita durante los aprendizajes. Ejemplos:

- Conjuntos unitarios en el entorno:

- Manipulación de objetos en cantidades de 1
- Representación de cada objeto
- Representación gráfica del 1 como atributo de cada objeto
- La escritura del número 1

Ejemplos de ejercicios con el 2:

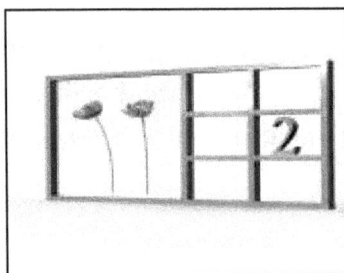

- Manipulación de objetos en cantidades de 2
- Representación de cada objeto
- Representación gráfica del 2 como atributo de cada objeto
- La escritura del número 2

De esta forma, se sigue con las siguientes representaciones gráficas de las cantidades.

XII. b. 1.- Desde Planos Naturales a Artificiales

La habilidad para la resolución de problemas matemáticos simples es el referente idóneo para comprender los factores que confluyen y determinan el rendimiento intelectual; exponente más preciso y completo de dicho acto, ya que aporta valiosos sobre el nivel de desarrollo del lenguaje, la retención del problema (memoria discriminativa), nivel de análisis de la estructura (lógico-gramatical); entre otros.

El desarrollo y perfeccionamiento del conocimiento humano, se constituye desde el hacer, que permite aprender, luego transferir y finalizar con la evaluación (retroalimentación). De ahí, que la actividad práctica resulta imprescindible para el aprendizaje de las matemáticas. Se interactúa con el entorno, para que se formen las representaciones mentales y se medie con los símbolos. El dominio de las operaciones de cálculo no se exime de dicho enfoque ontogénico. De tal manera se devela la importación de la formación de conjuntos, sus representaciones y denominaciones numéricas.

Con frecuencia, cuando se representan cantidades en una pizarra, por ejemplo, por medio de circunferencias; el simple hecho de que se generen unas en la parte superior y, luego se descienda la mano para continuar con otras más, puede llevar a pensar que son diferentes agrupaciones. Siguiendo con similar situación, el ejemplo siguiente:

- ¿Cuántos dedos hay?

Generalmente se responde: dos, haciendo alusión a los dedos que están erectos. El sistema decimal opera en el conteo con los dedos de las manos, es decir se trata de una expresión del carácter concreto de su funcionamiento inicial. En realidad, la cantidad no depende de la distancia o la posición, a no ser que se tome como variable para fijar las cantidades de las que están más cercas o más lejos. Para ayudar a inhibir esta tendencia, es importante la precisión en la formulación de las preguntas: ¿cuántos dedos hay en total? o ¿cuántos dedos se encuentran rectos?

La enseñanza teniendo en cuenta el plano, es en extremo relevante. Desde una perspectiva ontogénica, se debe partir de planos naturales y con objetos concretos a planos artificiales y representados. Es decir de la interacción, por ejemplo con un perro a su representación en una hoja de papel.

Hay que pensar en lo extraordinario que resulta representar una manzana (objeto) en una hoja de un cuaderno y además dejar establecido que lo es, se denomina "manzana" y, además, se constituye como una (cantidad).

Es aun acontecer paulatino que demanda ejercitación conjunta, sistemática y accesible. Refleja un proceso de tránsito de lo concreto a lo abstracto de alta complejidad. No se debe ejercitar en un cuaderno lo que no se ha ejercitado en el plano natural.

Se trata de ir del objeto a su representación (imagen) y de ahí a su evocación simbólica mediante el lenguaje de la palabra y del número.

Esto facilita el tránsito cognoscitivo de las relaciones inmediatas con el objeto a las mediatas por medio de la representación y más tarde, en sus formas verbales y numéricas.

XII. b. 2.- El Ordenamiento y los Aprendizajes de Cantidades

De igual manera, no podemos dudar que es más fácil establecer cuántos hay en determinados órdenes que otros, por ejemplo:

- ¿Qué representación de la cantidad 5 es más accesible?

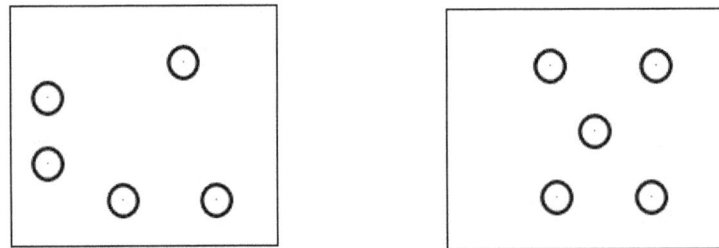

La representación de la derecha es más frecuente que la de la izquierda. Se ejercita y aparece de forma reiterada en los objetos, por ejemplo, en el dado o en el dominó.

Contar objetos en espiral, es una tarea compleja, por ejemplo, un racimo de plátanos. Las manos de plátanos se ubican en un espiral que dificulta conservar el orden y poder precisar los que ya fueron contados y quedan por contar.

De tal manera que, al representarse mentalmente una cantidad de animales, por ejemplo, se evoca en un orden: 20 círculos. Es factible que sean de cinco en cinco (cuatro grupos). Ejemplo:

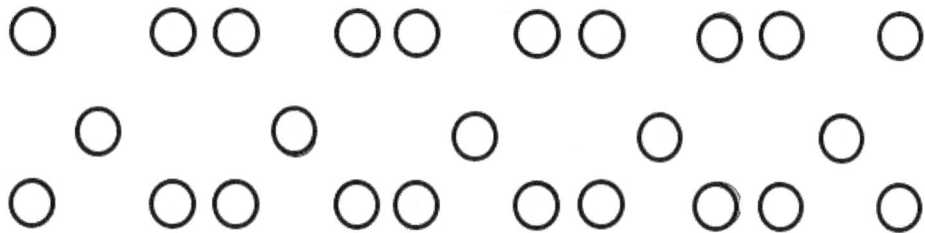

Al tratar de representarse mentalmente estas mismas cantidades en otros órdenes, seguramente resultará más difícil. Es evidente, que se hace necesario diversificar la presentación de conjuntos, para conferirle mayor flexibilidad a sus posibles evocaciones.

XII. b. 3.- Del todo a la Parte

Hay que tener presente, que la psiquis en su desarrollo va del todo a la parte. Cuando se observa una silla no se dice que es una silla después de un estudio minucioso de sus partes. Se opera en el todo. Un niño, por ejemplo, no sabe que es un árbol, a través del conocimiento de que está formado por hojas, ramas, tronco y raíz. Esto lo aprende después en los estudios de la naturaleza. Ese estudio analítico tendrá lugar con posterioridad. Primero es el todo y luego sus partes.

Sigamos meditando a partir de situaciones experimentales. Probemos a establecer por dos vías diferentes la cantidad de elementos presentes. Determine la cantidad en cada variante sin proceder al conteo de uno, más uno.

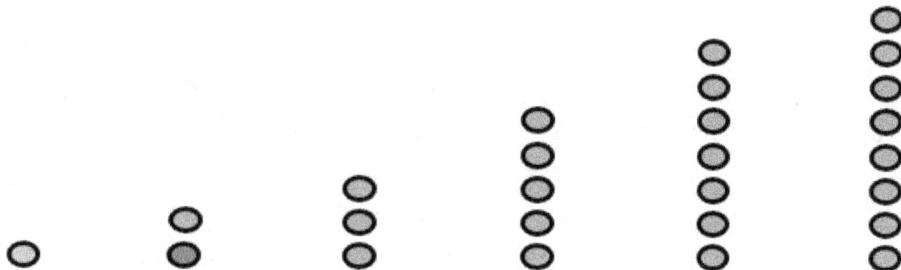

Resulta factible o deviene en una tarea irrealizable, si no es que se cuenta uno a uno para llegar al total. Sin embargo, es seguro que se podría decodificar cualquier cifra sin ninguna dificultad: 1, 9, 30, 43. Relacionar las cifras con la cantidad de puntos se hace más difícil con el aumento de estos. La tarea es más compleja cuando los elementos no siguen una orientación precisa:

Es evidente que en primer lugar, la dificultad se asocia al aumento de la cantidad, necesidad de contar de uno en uno y la orientación de los elementos en el espacio. Finalmente, está claro, que solo con la ayuda de la lógica se podrán llegar a las representaciones de grandes números como 350630, por ejemplo.

Se debería dominar el mundo concreto, evocar una representación sólida del conjunto para luego llegar a la representación mediante signos. Es oportuno compararlo con la asimilación del lenguaje oral, cuando un niño dice la palabra mamá, evoca la imagen de su mamá y no los sonidos y las letras que conforman esa palabra. Ésta actúa sobre su psiquis como un todo en su plena riqueza semántica.

Similar representación, debería registrarse cuando se dice 43, pero no es así. Lo que se evoca es un cuatro con un tres al lado y de ningún modo la imagen del conjunto a que se hace referencia. Cierre los ojos e intente ver 43 elementos. Difícil tarea, se ejercita poco el dominio del conjunto. Con todo esto, estamos resaltando la relevancia del método de enseñanza en el proceso de aprendizajes de las matemáticas.

Hay que pensar en las razones por la que a estudiantes universitarios les resulta difícil comprender lo que leen, denotando un mejor dominio del nivel sensorio-motriz del proceso de lectura que del nivel semántico.

Las palabras orales, se aprenden como un todo. No es condición saber que están formadas por sonidos. Cuando una persona escucha la palabra perro, no evoca su composición sonora: /p/e/rr/o/. Se representa la imagen del perro.

Cuando aprende las palabras escritas a través del método analítico, lo primero que enfrenta son los componentes de sonoro - gráficos de ellas. Así puede llegar a deletrear, silabear y luego a leer de corrido. Ese tránsito, es propio del método de enseñanza y lleva al dominio de las partes para llegar al todo. Es factible aprender de este modo, pero deja secuelas.

En el desarrollo de la psiquis, la razón está en el dominio semántico. Si el método le confiere prioridad al contenido y supedita la forma, el resultado es diferente al caso en que la forma se antepone al contenido, como en el planteado.

Siguiendo con los argumentos ontogénicos, si el niño o la niña tuviera que esperar a pronunciar correctamente todos los sonidos del habla para luego comunicarse, a través del lenguaje hablado, entonces tendría que ser alrededor de los 5 o 6 años, aproximadamente. Es relevante observar la utilización de sustitutos sonoros para poder comunicarse, teniendo clara conciencia de ello. Así, por ejemplo, un niño le dice al padre:

- Niño - "papá, papá, el pedito code dápido"
- Papá – "sí hijo, el pedito code dápido"
- Observador – El niño corrige al padre
- Niño – "No se dice el pedito code dápido, se dice el pedito code dápido"

El niño sabe como se dice, pero tiene que comunicarse de forma activa, que es la razón esencial del dominio del lenguaje hablado. Cuando un niño es corregido permanentemente por pronunciar incorrectamente, terminará sin iniciativas comunicacionales.

De tal manera, es importante tener claridad sobre cómo pretendemos enseñar y cómo se aprende mejor; bajo la idea de que no hay métodos buenos, ni malos, sino personas que aprenden. Determine cómo se motiva y aprende el niño o la niña y luego de ello, implemente el método. Ellos y ellas nos indican el camino y el profesor o la profesora media en sus aprendizajes.

Los conceptos y habilidades matemáticas constituyen el producto de dicha evolución (acción – manipulación), permitiéndole al niño o la niña aprender a clasificar, ordenar, seriar; las que dan lugar a ciertas nociones matemáticas como tamaño, cantidad, correspondencia, número.

De acuerdo con esto, se empieza a diferenciar "mucho y poco", "nada y algo", "uno y varios", llevándose a establecer correspondencias, hasta llegar a nociones tales como "más que", "menos que", "igual que".

A los 4 años, el pensamiento ha evolucionado tanto, que se comienza a prescindir de la manipulación de objetos para conocerlos, operando en las representaciones, las que se fijan gracias a su interacción con el mundo circundante y la actividad perceptiva que ella implica, aunque existe aún la tendencia a manipular los objetos, como si necesitara asegurarse de lo que percibe. Aspecto que siempre estará presente como una evidencia de la interacción entre teoría y práctica durante la actividad cognoscitiva.

El desarrollo perceptivo, es fundamental en esta etapa y proporciona un conocimiento superior sobre su esquema corporal, el que está directamente vinculado con las primeras nociones numéricas.

Desde el punto de vista espacial, se conoce la posición de todas las partes que componen su cuerpo y de esta misma forma, se adquieren las nociones de los números (1 cabeza, 2 manos, 2 piernas, etc.). Incluso, como ya se indicó, el conocimiento de los dedos resulta un fundamento esencial para el aprendizaje de los números.

Es así, como se van dando las cosas hasta llegar a la noción de cantidad, la que depende del desarrollo de la percepción espacial. Es por ello, que en los primeros conjuntos que establece el niño o la niña predomina el componente espacial y no el numérico, de tal manera el mayor conjunto es aquel que ocupa mayor espacio). Ejemplos:

- El niño o la niña podría responder que son iguales (término a término).

- Cuando se desagrupan los conjuntos en el espacio, podría responder que hay más cuadrados.

Otro ejemplo asociado a lo anterior es cuando se pide indiquen dónde hay más, mostrando una mano con los dedos separados y la otra con los dedos juntos. Por lo general, tienden a señalar la mano con los dedos separados, debido a la amplitud de su espacio en relación con la otra.

A los 6 – 7 años, se podría entender que una cantidad permanece constante, aunque se modifique su distribución o forma (un ejemplo clásico es, modelar con la misma cantidad de plastilina, una barra larga y posteriormente una bola. Esto permite comprender, que la modificación de la forma no altera la cantidad de plastilina. A partir de esta conclusión, se inician dos operaciones importantes (inversa-recíproca) que a la vez, dan paso a la noción de reversibilidad, que es la base del pensamiento operatorio.

Desde el punto de vista evolutivo, nos encontramos con un período preoperatorio que exige la formación de las nociones de conservación y reversibilidad con las que podrá comprender las operaciones matemáticas a un nivel superior. Si bien es cierto que a los 7 años aproximadamente, se domina la noción de conservación, no es menos cierto que ésta es solo aplicable a experiencias concretas, las que bajo la estimulación constante, irán extendiéndose a formas más complejas y a otros contextos.

XII. b. 4.- Denominación Pasiva de Cantidades

Selección de un objeto alrededor de otros. Cumplimiento de acciones:

- Cumplimiento de acciones en relación con el objeto, dentro del contexto inicial de desarrollo. Cantidad del objeto:1

El sujeto cumple órdenes mientras interactúa con el objeto. Este debe conservar sus características para facilitar **el sincretismo** entre el objeto y el número que lo cuantifica (1). El plano en que se encuentra el objeto debe conservarse sin modificaciones para favorecer la estabilidad de la atención.

- Cumplimiento de acciones en relación con el objeto, con modificación paulatina del contexto. Cantidad del objeto: 1 (variantes del mismo objeto)

Se conserva el accionar con las variantes del mismo objeto y se modifica alguna de las características del entorno: lugar de ubicación, posición en relación con otros objetos, etc. hasta que se cambie a otro y a otro plano. Esto podrá realizar siempre y cuando, las motivaciones estén centradas en el objeto y los restantes no conspiren contra la selectividad de la atención. Una vez consolidada la relación entre el objeto y su cantidad inicial (1), se procede con la modificación paulatina de las cantidades del mismo objeto. También es factible seguir la misma secuencia de ejercicios con palabras alusivas a cantidades. Se sugiere tener presente la ejercitación ofrecida sobre lectura global en el capítulo XI de este libro. Se ejercita las denominaciones de: uno, poco, muchos, etc., incorporando las correspondientes denominaciones escritas. Ejemplo: Observación de objetos: naranjas. Cambio paulatino de los objetos circundantes, incluyéndose otras frutas, con la permanencia de la naranja en diversas cantidades.

El sujeto cumple instrucciones, que se respetan y fortalecen mediante expresiones de aceptación de sus iniciativas verbales, que son objeto de repetición por parte del facilitador, para contribuir a su fijación.

La realización de acciones con los objetos debe partir por una relación directa para contribuir a la contemplación viva de sus características; y luego se incorporan otros objetos para ejercitar la mediación, por ejemplo: alcanzar una pelota con un palo, provocar el movimiento de un objeto con otro, etc.

Las actividades se realizan en tiempo presente: dame uno, trae muchos; entre otros., luego es dable hablar sobre lo que ya realizó: dio pocos, trajo uno, etc., para luego enunciar lo que hará más tarde: dará menos, traerá más u otras acciones. Hágase énfasis en las formulaciones predicativas sencillas, que sean representativas de las acciones que ejecuta, ejecutó y ejecutará el sujeto.

Se parte de la movilización de todas las vías sensoriales y se ejercita, combinando unas con otras, por ejemplo, táctil y auditiva, sólo auditiva, etc. Una vez que los objetos son reconocidos en sus diferentes variantes, se ha consolidado su imagen mental en vínculo con la palabra que los denomina de forma pasiva, es factible la ejercitación de las acciones perceptuales de identificación, comparación con el patrón y de modelado (como se indica en el capítulo del desarrollo de las habilidades no verbales):

- Identificación de cantidades de objetos similares
Ejemplo: encontrar igual cantidad de objetos entre otros objetos
Medios: manzanas, peras, naranjas
Actividad: las frutas se mezclan entre sí y se solicita buscar cantidades iguales (distintas) a conjuntos, que se forman por parte del facilitador
La actividad debe estar impregnada de acciones. Ejemplo:

- ¿Qué es? (mostrando una naranja)
- Dame una naranja
- Toma varias naranjas
- Trae igual cantidad de naranjas
- Ubicar más naranjas a la derecha, o a la izquierda.

Cualquier iniciativa de verbalización por parte del sujeto será siempre estimulada. Hay que tener en cuenta, que lo fundamental es que él ejecute y se hable sobre lo que él ejecuta y no preguntar sobre lo que él hace. Eso es de una complejidad superior y será propio de ejercitación ulterior. Luego se sigue con la incorporación de las denominaciones de las cantidades: 1, 2, 3, 4 y así sucesivamente.

Igual ejercitación, se realiza con las imágenes o representaciones de los objetos naturales que previamente se trabajó con el aprendiz. En ambos casos, es factible operar en la generación de espacios para la formación de los conjuntos. La representación de cantidades mediante el dibujo con apoyo en las agrupaciones y luego de memoria.

Una vez vencida la fase de la denominación pasiva de cantidades, se pasa a su ejercitación activa.

XII. b. 5.- Denominación Activa de Cantidades de Objetos o sus Imágenes

En esta ejercitación se trata de que se asuma una postura activa que lleve a que las cantidades sean denominadas por el sujeto. Ejercitación:

- ¿Hay muchos o pocos objetos?
- En este lugar hay: uno
- En este grupo hay _____ (más / menos) que en el otro
- ¿Cuántos hay en el grupo?

Agrupa los objetos y nombra la cantidad:

- ¿Cuántos objetos o imágenes tienes?
- ¿Cuántos me vas a dar? Luego: ¿ahora tienes más o menos que yo?
- ¿Cuántos se situaron al mismo tiempo en el lugar?
- ¿Cuántas veces saltó la pelota?
- ¿Cuál saltó más?

En todos los casos el que nombra la cantidad es el sujeto, de no ser así, lo hace el facilitador y se le estimula la repetición de la palabra.

Se observa que, durante toda la ejercitación, se puede acompañar las denominaciones orales con sus representaciones escritas. Ello facilitaría la ejercitación de las denominaciones escritas de cantidades en pasivo.

XII. b. 6.- Consolidación de Representación Gráfica Nominativa de la Cantidad del Objeto

Se sigue el mismo procedimiento que se indicó anteriormente. La diferencia estará dada, en que se realiza con palabras escritas de las cantidades:

- Relaciona la cantidad del objeto con su denominación escrita

Se sugiere fotografiar los objetos ejercitados y consolidar su relación con las correspondientes representaciones gráficas de la cantidad. Se debe fijar toda la atención en la lectura global de la palabra (evitar a toda costa intentos de silabeo).

- Ubica la denominación gráfica de la cantidad y luego del número en el grupo que corresponde

Material: palabras escritas: muchos, pocos, números completos e incompletos y plastilina

Instrucciones:

- Coloca muchos (pocos) en el grupo que corresponde
- Agrupa la cantidad de objetos que indica el número (1, 2, 3...)
- Recorrer el borde del número
- Perfilar el número en el aire con un dedo o con un lápiz
- Perfilar el número en plastilina o con medios similares
- Reconocer el número representado de forma incompleta
- Ubicar un número entre otros
- Comparar representaciones numéricas sobre la base de características seleccionadas: tamaño, forma, color, etc.
- Modelar en plastilina el número en su ausencia

En toda la ejercitación, es evidente que el sujeto estará en un permanente activismo verbal. En la siguiente fase, podrá alcanzar toda su amplitud dicha intención, ya que se procede a la realización de preguntas que impliquen la denominación de las numeraciones escritas.

Se sigue el mismo procedimiento que se indicó con anterioridad. La diferencia estará dada en que se ejercita, a través de preguntas y un permanente activismo verbal del sujeto:

- Nombra el número
- Selección sucesiva de números y su denominación activa

El que nombra la numeración es el sujeto, de no ser así lo hace el facilitador; estimulándose la repetición.

XII. b. 7.- Operaciones de Cálculo y sus Premisas

Durante el desarrollo de las operaciones de cálculo es importante que la ejercitación se oriente a partir de percibir y comparar conjuntos, utilizando el vocabulario adecuado:

- Reconocer colores, formas y figuras
- Asociar figuras
- Agrupar objetos
- Apreciar relaciones de posición entre objetos
- Ordenar
- Seriar

En la realización de ejercicios con conjuntos, se utilizan las expresiones: más que, menos que, tanto como y la misma cantidad. Ejemplo:

- Más patos que flores
- Menos ranas que hojas
- La misma cantidad de vasos y platos

Hay que tener presente, que se necesita de una adecuada orientación espacial, lo que implica:

- Ordenar objetos atendiendo a su posición (arriba, abajo)
- Colocar un objeto encima del otro e indicar el de arriba y el de abajo
- Colocar la pelota debajo de la mesa, sobre la mesa
- Colocar varios objetos a la izquierda o la derecha
- Colocar objetos dentro (fuera)

XII. b. 8.- La Geometría y sus Premisas

La orientación espacial precisa, junto al desarrollo sensorio-motriz y las habilidades cognoscitivas de identificación, comparación, clasificado e integración, favorecen la internalización de las propiedades de las figuras geométricas en diferentes planos; así como la resolución de problemas relacionados con las medidas. Ejemplos de ejercicios:

- Trazado de líneas con ayuda de plantilla continuas y discontinuas
- Trazado de figuras con ayuda de plantillas con líneas continuas y discontinuas

- Representación de figuras geométricas con varillas, plastilina, etc.: cuadrado, rectángulo y triángulo
- Trazado de segmentos con longitudes dadas
- Calcular longitudes
- Comparar distintas longitudes

XII. b. 9.- Resolución de Problemas

Es importante evitar la impulsividad en la resolución de problemas. Por ello, se debe ejercitar teniendo en cuenta su orientación precisa con los recursos mínimos, necesarios y suficientes. El facilitador debe favorecer que el sujeto:

- Entienda el planteamiento del problema
- Determine qué es lo que se sabe

- Determine qué es lo que no se sabe y se constituye en el problema a resolver
- Determine qué necesita hacerse
- Proceda a ejecutar
- Presente el resultado de forma detallada
- Retroalimente el resultado a partir de los datos dados, el problema planteado y los pasos realizados

La resolución de problemas estableciendo los pasos a seguir permite inhibir la impulsividad, así como la ejecución mecánica de las operatorias aprendidas. Por lo que primero es observar las variables presentes, precisar lo que se sabe y lo que se debe llegar a resolver para conocer.

Luego proceder a observar las vías que permiten su solución y precisar la más pertinente. A continuación tiene lugar la implementación de las operatorias, para finalmente presentar el resultado obtenido observando la pertinencia del proceso de ejecución y su resultado final, por medio de la retroalimentación.

Todo este proceder puede ocurrir con una guía que indique el paso a paso y luego se va retirando paulatinamente, hasta que se automatice la operatoria. Se precisa la relevancia de diversificar la ejercitación para evitar la resolución de problemas de una misma naturaleza, ya que incentiva la aplicación de vías de ejecución de forma mecánica, es decir, el tipo de problemas que se ejercita y que se resuelve de una determinada manera.

Para contribuir a al paso a paso en la ejercitación de la resolución de problemas por etapas se presenta a continuación la tabla siguiente:

Tabla 6. **Etapas de la resolución de problemas**

Etapas	Objetivos del facilitador	Resultados del aprendiz
Orientación	- Disposición positiva hacia la actividad - Determinación de la tarea y su complejidad - Exploración y reconocimiento previo de las exigencias de la tarea - Análisis y comprensión del contenido y procedimiento de solución de la tarea: objetivo	- Motivarse por la actividad a realizar - Leer completo el ejercicio - Leer y analizar: ¿la tarea es nueva o conocida? - Datos con que se cuenta y se destacan - ¿Cómo se resuelve? - ¿Cuántas formas de hacerlo? Se busca la forma de solución - Se comienza cuando se está seguro de cómo trabajar

	- Determinación y generación de los apoyos metodológicos para facilitar la resolución del problema	
Ejecución	- Aplicación de los niveles de apoyo para la resolución del problema	- Realización de la tarea - Emplea los datos - Aplica los pasos para la solución - Emite la respuesta completa y argumenta su solución
Control	- Comprobación del resultado de la actividad de aprendizaje con medios externos, mediante la coevaluación y la autoevaluación	- Control del proceso y resultado de la tarea - Compara los datos, los pasos y vías aplicadas con el resultado, comprueba si es correcto o no, finalmente verifica si solo hay una forma o paso de solución en contextos de coevaluación y autoevaluación

CAPÍTULO XIII: INTEGRACIÓN DEL PROCESO FORMATIVO

Gestión Pedagógica Colaborativa para un Aprendizaje Cooperado

El currículo se diseña de forma articulada en cualquier nivel de enseñanza. En él, se expresan para cada fase de estudios los objetivos o resultados de aprendizaje que se deben alcanzar, tanto en el contexto de las relaciones verticales como horizontales entre las asignaturas.

Aquello que constitucionalmente se declara de manera articulada en el currículo, debe ser llevado a la práctica de mediación de igual forma, es decir por medio de la gestión del conocimiento. Ello argumenta a favor de que sea de forma integrada y colaborativa.

XIII. a.- Gestión del Conocimiento en la Educación

La gestión de conocimientos es un término que se define como el conjunto de procesos que dirigen el análisis, diseminación, utilización y traspaso de experiencias, información y el conocimiento entre todos los miembros de una organización para generar valor. (Ríos T., 2012).

Al tratar el tema relacionado con la gestión del conocimiento en la educación tiene lugar desde dos perspectivas: la gestión del conocimiento como proceso de conservación y enriquecimiento de la cultura humana y como el análisis del propio proceso de mediación.

El dominio del conocimiento en el desarrollo de la humanidad ha tenido relevancia en las relaciones sociales y en su jerarquía. Pérez-Montoro G. M. (2008) reflexiona al respecto colocándolo junto con las variables tierra y capital con la finalidad de denotar el crecimiento de su rol para generar riqueza. Esto ha sucedido de tal manera, que a partir de finales del siglo XX para generar riqueza, era imprescindible contar con conocimiento incorporado de forma significativa al trabajo y al capital.

Para abundar en la postura, desde el punto de vista educacional, es válido reconocer el espacio del conocimiento en las relaciones sociales en todas sus formas históricas de organización. Por ejemplos, la comprensión del comportamiento de la naturaleza relacionada con fechas propicias para moverse de un lugar a otro, según las señales de cambios climatológicos, proceder a sembrar la tierra en los momentos más adecuados, las yerbas para atender enfermedades, etc. Esto era propio de los que ocupaban el puesto de jefe, brujo, curandero o simplemente de personas, que contaban con la experiencia.

El conocimiento, ha ido ganando relevancia en vínculo con su rol en la producción y los servicios. En la era agrícola, era menos valioso que la tierra, el trabajo y el capital. Estaba reducido a pocos con permiso de acceso y generaba distinción de clase, autoridad y por supuesto, también apropiación de tierra y capital. Era un atributo de descendientes de familias más apoderadas económicamente, que podían pagar a maestros particulares.

En la era industrial crece el valor del capital, el trabajo y la tierra; mientras que el conocimiento sigue estando más relegado, pero como mayor implicación, dada la necesidad de contar con trabajadores más calificados para asumir las tareas de la industrialización. Con ello, se abrigaron dos variables sociales de creciente importancia: el desarrollo conductual, según normas de comportamiento y de habilidades vinculantes a los puestos laborales a desempeñar.

El conocimiento dejó de estar encapsulado y ser de pertenencia de aquellos que tenían mayores posibilidades de acceso; al entonces configurado como enciclopédico. El que tenía conocimiento y en ocasiones solo información, ostentaba sabiduría ante el resto de la sociedad. Al mismo tiempo, se constituía en la opción de que sus estudiantes y discípulos, pudieran ir ganando espacios en el cumplimiento de tareas vinculadas a la producción y los servicios.

Así, el conocimiento ha ido alcanzando relevancia, para dar paso a la era que lleva su nombre. Se ampliaron las posibilidades de acceso, y al mismo tiempo se diversificaron sus expresiones y puntos de vista.

En este contexto, la producción de conocimiento promueve con intensidad el pensar, lo que configura la necesidad de que los aprendizajes sean significativos, orientados a la resolución de problemas, vinculados al desarrollo de la ciencia y la técnica, teniendo presente el ser y el saber hacer.

El propio desarrollo socioeconómico y cultural demandaban de más cobertura educacional. Más tarde, se enfatiza en que sea de calidad. Se precisa que ambas (cobertura y calidad) no han logrado su conformación universal a la fecha.

El conocimiento gana terreno como productor de riqueza y escala como fuerza transformadora. Su dominio posibilita reorientar los destinos del acontecer social, se convierte un ente regulador del comportamiento socioeconómico y cultural; para de esta forma, llegar a ser más importante que el capital, el trabajo y la tierra.

Este cambio develador de la relevancia del conocimiento promueve y demanda de una mejor calidad de la educación, para lograr el tránsito hacia una vida activa y productiva. No sólo para desempeñar, desde una formación general, determinados roles en la sociedad, sino también asumir particularidades específicas de los puestos de trabajo que se ejecutan.

Al respecto Schultz (1985) precisa que se necesitan jóvenes que cuenten con una formación adecuada al incorporarse a la población económicamente activa; teniendo presente que los adelantos aumentan nuestros recursos productivos, mejoran el nivel de vida y son una fuente importante de ingreso y riqueza.

Desde esta mirada, el autor formula el concepto de capital humano, perfilando la necesidad de concebir una educación pertinente, tanto dentro del sistema educacional en general, como al interior de las propias empresas. Con ello, se devela la importancia de la formación y la capacitación permanente, connotando el rol de los mediadores profesionales, en estrecho vínculo con el estado del arte de las ciencias y la investigación.

Siguiendo el planteamiento de E. Morin (1999), como consecuencia de la aplicación del método analítico, las ciencias crearon la visión del mundo en la que los objetos "simples" y aislados constituyen lo esencial, y sus relaciones e interacciones pasan a un segundo plano. Así, la ciencia moderna, con sus métodos de investigación, pueden fomentar que el mundo es tan sólo "la suma de las partes" y no un conjunto complejo de múltiples elementos en constante interacción. No obstante, la visión sistémica es la postura que debe predominar.

La gestión del conocimiento en el contexto educativo se aborda a partir de la consideración de que es una convocatoria a la conservación y enriquecimiento de la cultura humana. Tiene lugar mediante la actividad conjunta de los docentes al interior de cada institución; bajo una finalidad convergente: mediar en los aprendizajes de la diversidad de estudiantes. Debe ser concebido como un sistema funcional, donde sus eslabones constituyentes actúan como un todo diferenciado, bajo un fin común establecido en los proyectos educativos y los perfiles de egreso.

E. Morin precisa que la supremacía de un conocimiento fragmentado, según las disciplinas tiende a limitar la interacción entre las partes y las totalidades. Es necesario que facilite un modo de conocimiento capaz de aprehender los objetos en sus contextos, complejidades y conjuntos.

Se trata de comprender que el quehacer pedagógico pone en marcha un currículo, que por su esencia es integrado y el proceso formativo debe estar en consonancia con ello; lo que conlleva a que se generen estrategias pedagógicas colaborativas para favorecer la gestión de los aprendizajes de los estudiantes.

El currículum por su naturaleza es articulado, también lo debe ser el proceso formativo. La intención, se encuentra en llevar a la práctica una relación coherente con la práctica pedagógica.

La gestión pedagógica tiene como eje central el énfasis en el logro de aprendizajes de la diversidad de estudiantes de la institución, bajo el cumplimiento de las exigencias del proyecto educativo. Se enfatiza en alcanzar una postura mediadora orientada hacia la tributación de las asignaturas, según los resultados de aprendizaje esperados en cada fase de estudios.

Esto conlleva a que se generen contextos, que permitan integrar los esfuerzos de docentes y profesionales asistentes de la educación, para diseñar estrategias pedagógicas; conducentes a favorecer la gestión del conocimiento de los estudiantes.

Desde esta mirada, se apunta hacia la integración coordinada de docentes y profesionales, vinculados al proceso de enseñanza aprendizaje en el contexto histórico determinado de implementación de las propuestas curriculares, para un grupo de aprendices; con la finalidad de responder a las regulaciones del modelo educativo y formativo de la institución.

En consonancia con este concepto se aborda la gestión del conocimiento, reflexionando sobre el objeto de estudio, enfatizando en el rol de docentes y estudiantes en la conservación y generación de este, es decir en esencia se constituye en un proceso transformador.

En el proceso de enseñanza y aprendizaje se comparte el conocimiento, utilizándolo de forma conjunta o individual en situaciones cambiantes y cada vez más complejas, teniendo presente la sólida relación entre teoría y práctica, en vínculo con la solución de problemas, bajo las regulaciones de la ciencia y la técnica.

En general, la actividad social conlleva a que se produzca aprendizaje como resultado del acontecer espontáneo de las interacciones con el entorno. No es su objetivo, si no su resultado. Mientras que el aprendizaje como fin, es consecuencia de la interacción dirigida, bajo los principios de la pedagogía y la didáctica entre mediadores profesionales y aprendices.

La actividad formativa debe alcanzar una postura contextual, que no puede enajenarse del entorno socio – histórico en que está teniendo lugar, relacionándose de forma armónica con el todo del currículo y así, ser parte precisa de su entretejido;

brindando albergue a todas las dimensiones de lo humano y sus diversas expresiones de manifestación, tanto en lo grupal como en lo individual.

Puede ocurrir un aprendizaje que no esté articulado con el siguiente y eso provoca su desvanecimiento, no logra su sistematización en nuevos contextos, quedando aislado, sin integrarse en nuevos saberes; pierde su sentido, aunque las metodologías que lo favorecieron fueran activas.

Al inicio la niña o el niño se atiende con la finalidad de garantizar su crecimiento en una convivencia sana. En la actividad social conjunta tiene lugar el desarrollo de la diversidad, bajo los cánones de la familia y del entorno social. En la medida que la interacción sea realizada por mediadores profesionales, se transita hacia formas superiores de aprendizaje y autoaprendizaje, es decir ocurre en el contexto de la gestión del conocimiento, bajo la mirada del desarrollo de las ciencias, la tecnología y la cultura universal.

La gestión tiene lugar, a través de relaciones en forma de actividad conjunta presencial y/o a distancia entre los sujetos involucrados en el logro de metas formativas comunes. De tal manera, se considera que el objeto del proceso formativo es la cultura humana, en sus disímiles expresiones arquitectónicas universales y propias del entorno natural y social.

El ser humano en ningún caso es objeto de la gestión. Así, se puede afirmar que el aprendiz siempre es sujeto activo del proceso de enseñanza aprendizaje. El mediador, tiene como meta la activación de las capacidades humanas, al favorecer la interacción rigurosa con las expresiones culturales, teniendo presente los requerimientos de apoyos individuales.

A modo de ejemplo, cuando se dice que el objeto de atención de un médico es su paciente, se desconoce el rol del paciente en la interacción. En la interacción médico - paciente, el objeto de atención es su salud, la prevención y atención de las enfermedades, lo que supone el activismo del paciente durante la atención médica.

De tal forma, en el proceso formativo, el estudiante es sujeto activo y no un objeto de la actividad formativa, donde se aspira al logro de mayor protagonismo y autonomía durante la progresión de sus aprendizajes.

El aprendizaje demanda de facilitadores en calidad de gestores (directivos) y mediadores profesionales y de la sociedad en general (familiares, apoderados, amigos y otros). Se establecen relaciones de relativa independencia, subordinación y entretejidos de la dirección de los procesos y los acercamientos naturales entre las personas. Lo que trae consigo la aparición de distintas prácticas y roles de los participantes, como fuente de problemas y formas de negociación para solucionarlos.

Los docentes deben dominar el campo del conocimiento y representan en su actuar, lo que espera la institución en la formación de nuevas generaciones de estudiantes. En este contexto, docentes y estudiantes operan desde sus propias expectativas: los docentes sobre lo que serán capaces de enseñar y los estudiantes sobre lo que podrán aprender. Para lograr un equilibrio entre ambas expectativas, que permita alinearlas es necesario que los estudiantes accedan a la información sobre la institución y sus docentes y a su vez, los docentes cuenten con información sobre las particularidades de los estudiantes. Se trata de evitar los prejuicios que lleven a adoptar posturas sobre la base de supuestos.

Esto puede llevar a la imposición formativa sobre su adecuación para incluso llegar a prefijar los niveles cognitivos, desde donde deben iniciarse los procesos de mediación. Una institución educativa que se declara inclusiva de la diversidad de estudiantes puede diseñar sus programas de estudios, a partir de un determinado nivel cognoscente, pero asumiendo la necesidad de establecer los aprendizajes previos de sus estudiantes al ingresar a esta.

Por un lado, develan el rol del diagnóstico como punto de partida del proceso formativo y por otra, califican la relevancia del aprendizaje que tuvo lugar, incluyendo el asociativo y memorístico.

La enseñanza ha de tener lugar desde lo que domina el estudiante. Ningún conocimiento es desmerecedor, sea de naturaleza memorística, reproductiva o aplicativa. Todas tendrán su espacio en la articulación hacia formas más complejas, que lleven a la creación y la innovación. Desde lo que dominan los estudiantes, hacia el cumplimiento de las exigencias formativas que requiere la sociedad.

De acá la importancia de contar con información sobre los aprendizajes previos de los estudiantes y que sea oportuna durante el proceso formativo. La tecnología, facilita que los estudiantes sean caracterizados de forma rápida, con procesamiento automatizado de la información y posterior seguimiento al logro de los aprendizajes; para observar la pertinencia de las estrategias de mediación desde una perspectiva preventiva.

Un ejemplo de ello es la evaluación actitudinal – cognoscente concebida: "Sistema de Apreciación del Desarrollo" (SAD) y socio demográfico: "Si Me Conoces, Mejor" (SCM) generado por Pronos Consultores e implementado en la plataforma "Conocer para Incluir la Diversidad de Estudiantes" (CIDEU), que tienen como finalidad la obtención y procesamiento automatizado de los perfiles de ingreso real de los estudiantes y el seguimiento de los resultados de aprendizaje de cohortes de estudiantes.

Los estudiantes ingresan a portal web y al contestar los instrumentos se procesa de inmediato, quedando lista la información para su uso, en el diseño de las estrategias de mediación en sus aprendizajes.

En lo adelante, todo el proceso formativo queda registrado, tanto en lo concerniente al diseño e implementación de las estrategias pedagógicas de mediación como el análisis permanente de los resultados de aprendizaje de los estudiantes, por medio de información procesada con sistemas de alarmas, que permiten alertar sobre el impacto de la enseñanza en los aprendizajes: Pedagogía Preventiva.

Al mismo tiempo, se devela la importancia de que los estudiantes y sus familiares puedan contar con los antecedentes de la casa de estudio y de cada uno de sus potenciales docentes para contribuir a la conformación de sus expectativas.

Se debe lograr un ajuste entre la oferta académica y requerimientos de los estudiantes. La institución realiza una oferta formativa y los estudiantes resuelven asumirla. Es factible que la institución decida adoptar posturas selectivas a través de pruebas de ingreso u opere en el cumplimiento de los requisitos de ingreso, que se estipulen como necesarios.

En todos los casos, será necesario caracterizar los estudiantes desde el punto de vista actitudinal-cognoscente y sociodemográfico, así como sus aprendizajes disciplinares previos. Se trata de lograr un uso preciso de la información para que se constituya en conocimiento valido y, que de esta forma contribuya a diseñar la estrategia que favorezca alcanzar las metas formativas.

El equilibrio, estará dado en gestionar el proceso de enseñanza y aprendizaje, asumiendo las expresiones de diversidad de los involucrados. La información debe ser oportuna para proceder a su ajuste y no posterior o en fase de culminación y eso es posible con el uso de tecnología y la inteligencia artificial para que se convierta en conocimiento que fundamente la toma de decisiones.

Al respecto, el análisis del comportamiento de los aprendizajes de las cohortes de estudiantes debe ser con la finalidad de realizar cambios tácticos en la estrategia de mediación y la evaluación final del impacto del proceso formativo, para articular su consecución; así como para introducir mejoras en el proceso de enseñanza y aprendizaje de nuevas cohortes de estudiantes. El conocimiento del comportamiento de las variables implicadas en el proceso formativo permite introducir mejoras en la gestión en los aprendizajes, desde lo pedagógico y lo curricular.

La información se constituye en conocimiento, para argumentar sobre la pertinencia del proceso de gestión del conocimiento. Sale a relucir la necesidad de que la institución, pueda contar con tecnología que permita no solo registrar información sobre sus prácticas formativas, sino también que se procese de forma automática, distinguiendo indicadores relevantes de la calidad de los procesos de enseñanza – aprendizaje.

La información puede ser de amplia cobertura, pero mientras no se procese de forma inteligente su uso, será irrelevante por no acceder a los datos notables de forma oportuna para la toma de decisiones.

Se enfatiza en el análisis de procesos esenciales de la institución formadora, relacionándolos con el valor agregado en los aprendizajes de los estudiantes. Este conocimiento, se hará más determinante ante la sociedad, cuando se cuente con indicadores de gestión en relación con sus egresados, tanto en la continuación de estudios superiores, como por su inserción a la vida social y laboral.

En la gestión del conocimiento, es necesario dejar al lado las estructuras jerárquicas de dirección, donde los docentes y profesionales asistentes de la educación reciben orientaciones para ejecutar lo previsto en el currículo y dar paso a espacios, donde todos son propositivos en el diseño e implementación de las estrategias de mediación en la gestión de los aprendizajes de sus estudiantes.

Dicha flexibilidad, facilita que se argumente para generar adecuaciones en la planificación. Se facilita armonizar la autoridad y la responsabilidad con respecto a todos los involucrados en contextos participativos democráticos. Se hace factible, que se pase de evaluar los resultados de los estudiantes de manera aislada a asumir el análisis autocrítico, con respecto a las decisiones tomadas durante la gestión de los aprendizajes.

Los docentes se reúnen para diseñar las estrategias de gestión del conocimiento y eso les permite como consecuencia, reflexionar sobre sus propias prácticas. Es decir, desde un diseño reflexionado a la reflexión sobre el impacto de las prácticas implementadas. Siempre ubicando lo que se debe mejorar en el primer plano, con respecto al proceso de aprendizaje de los estudiantes en particular y luego introducir mejoras con respecto a futuras cohortes de estos.

Este es el camino de denotación de la calidad del servicio educacional de cualquier institución. No se puede hablar de resultados de calidad en la educación, esgrimiendo datos de un mismo nivel formativo de diferentes cohortes de estudiantes. Resulta necesario, pero insuficiente.

La clave está en demostrar la calidad de los resultados de aprendizaje de una misma cohorte y por supuesto, someterla a comparación con lo que sucede con otras cohortes. Y esto es factible siempre que se pueda contar con información convertida en conocimiento como ya se indicó.

Es decir, de una cohorte a otra de estudiantes las variables involucradas en la gestión de los aprendizajes pueden modificarse. Así, por ejemplo, las particularidades de ingreso de los estudiantes, el nivel de dominio disciplinar de los docentes, experiencia de directivos académicos, recursos tecnológicos, etc. pueden variar.

La comunidad educativa, articula a sus miembros para favorecer los resultados de aprendizaje de sus estudiantes. De tal manera, se utiliza el enunciado gestión del conocimiento, en el sentido de la generación e implementación de estrategias en la mediación en los aprendizajes, cuyo principal objetivo, es caracterizar las variables incidentes en la propuesta a diseñar, controlar su implementación de forma permanente, con centralidad en el impacto en los logros que se alcanzan en los aprendizajes: valor agregado.

Esta es una forma concreta de presentar el aporte de cada miembro de la institución al cumplimiento de lo que se declara en su visión, misión y modelo educativo. Se logra una visión objetiva entre lo que la institución registra en los aprendizajes de sus estudiantes y los retos educacionales nacionales e internacionales. Se argumenta de forma clara y precisa el logro de más y mejores aprendizajes. En otros términos, se habla de acortar la distancia entre bajos y altos resultados. Esto es factible, en el entendido que el dato esté en función de develar la calidad del servicio educacional.

De acá, la necesidad de contar con sistemas automatizados de gestión, de aplicar la inteligencia artificial y poder determinar indicadores claves que permitan la mejora continua de la institución y su propia permanencia como garante de la formación de personas, que contribuyan al desarrollo del entorno y la sociedad en general. Una institución educativa puede contar con múltiples datos sobre gestión, agrupados de diferentes formas taxonómicas. El dato con una clave de codificación se convierte en información.

Se gestionará conocimiento en la educación, siempre que la mediación facilite que la información asimilada por los estudiantes permita accionar con sentido propio y de manera autónoma, dando paso a la transformación consciente y que finalmente, impulsen nuevos emprendimientos; dentro de las diferentes expresiones de la cultura humana.

Se compartan experiencias que llevan a la apropiación del conocimiento, contribuyen a la formación de sentidos de vida, que en sus formas más transformadoras, pueden negar los anteriores, como la expresión más fidedigna del cumplimiento de las metas trazadas; en la gestión de los aprendizajes de los estudiantes.

Nadie es dueño de la verdad, se comparte conocimiento para conformar un sentimiento que lleva a asumir verdades con posturas, que impliquen creencias y valores. Se gestiona conocimiento en el proceso formativo porque es una convocatoria de seres pensantes con sus percepciones y creencias. Se instala desde el yo interno y se impregna con las actitudes de los participantes. No se comparte información, por el contrario, se construye para seguir transformando el conocimiento.

Las relaciones directas con el entorno facilitan la apropiación del conocimiento concreto para dar lugar a la evocación de representaciones mentales y códigos verbales. Irá ocurriendo un tránsito permanente de la práctica a la teoría y luego desde formas abstractas y generalizadoras, vuelven a tener lugar de forma enriquecida en la práctica. Ocurre un espiral de desarrollo del conocimiento, durante el intercambio de experiencias sociales, es decir, desde las relaciones interpersonales a las intrapersonales para que adquiera un sentido personal.

Lo común, debe ser la sensación de libertad y la búsqueda permanente de la autonomía en el cumplimiento de las tareas. La persona involucrada en la actividad social conjunta participa en calidad de sujeto protagónico de las acciones que se proyectan y ejecutan. Tanto el mediador como el aprendiz deben sentir que se encuentran en un entorno democrático, donde lo relevante sea el perfeccionamiento de los procesos formativos.

Ni unos ni otros deben ser consumidores pasivos, por el contrario, seres activos, propositivos durante el diseño e implementación de dichos procesos. Lo relevante es contar con el sentimiento de libertad para crear, innovar durante la gestión del conocimiento, vista dentro de un marco de activa transformación cultural. A decir de Lambert L. (2017), bajo un liderazgo que facilite el aprendizaje intencionado y recíproco en comunidad.

En la gestión del conocimiento es necesario tener presente la necesidad de que los docentes y profesionales de apoyo se induzcan a interactuar, trabajar en equipo y retroalimentarse sobre su quehacer formativo, teniendo presente la regulación de las cargas de trabajo de los estudiantes; como vía facilitadora del estudio autónomo de estos, así como observación de la necesidad de apoyos y su pertinencia para facilitar los aprendizajes.

En el capítulo inicial se trató lo referido a los componentes de la actividad de aprendizaje, que se perfilan de forma precisa en la gestión del conocimiento y se tratan a continuación.

XIII. b.- Componentes de la Gestión del Conocimiento

La gestión del conocimiento implica actividad social conjunta. Acorde con lo abordado en este mismo libro, sus componentes son:

- Inductor
- Operacional
- Organizacional
- Energético

Cada uno de ellos presenta determinadas particularidades, que se comportan como premisas para el logro de las metas comunes.

El componente **inductor** de la gestión del conocimiento comprende:

- Interacción diáfana entre los miembros involucrados en la gestión del conocimiento: inducción favorable hacia el proceso de enseñanza y aprendizaje en un clima de emociones positivas
- Sensación de libertad para crear e innovar en un ambiente de relaciones democráticas, donde todas las opiniones sean escuchadas sin distinciones jerárquicas
- Configuración de claras expectativas en relación con el proceso formativo
- Comprensión de la Estructura Estratégica de Desarrollo: Plan Estratégico, Modelo Educativo (Misión y Visión), es decir claro sentido de lo que la institución formadora proyecta lograr en sus estudiantes. Al decir de Monereo, C. (2014) y en calidad de ejemplo, no es lo mismo una universidad entregada a formar estudiantes que obtengan un premio nobel, que otra que busca abrir las puertas a una población indígena de un

país; para lograr su integración real al quehacer de la población que detenta el poder político

- Los directivos y docentes se concentren fundamentalmente en la gestión del conocimiento de los estudiantes, con orientaciones precisas, que permitan la convergencia tributaria de las asignaturas al cumplimiento de los aprendizajes esperados, en cada fase de los estudios
- Proyectarse por la consolidación de una comunidad educativa con altas motivaciones hacia el cambio y la transformación, en búsqueda de un quehacer pedagógico que denote la cohesión del currículo y dinamice sus cambios para elevar la calidad de los procesos
- Contar con vías de presentación oportuna de las evidencias y percepciones sobre el proceso de gestión por parte de toda la comunidad educativa, evitando el sesgo por medio de argumentaciones fruto del cruce de información

En resumen, una actitud positiva hacia el trabajo colaborativo en la gestión del conocimiento.

El componente **operacional** de la gestión del conocimiento comprende:

- Precisa denotación de la operatoria a seguir en la gestión del conocimiento: al efecto claro dominio del funcionamiento de las comunidades educativas y las etapas propias de su gestión
- Implementación de los recursos de apoyo a la gestión del conocimiento y que se expresan a través de los mecanismos de atención a la diversidad de estudiantes, según sus necesidades individuales
- Dominio disciplinar, desde el conocimiento teórico y práctico; así como del estado del arte de las investigaciones en el campo de las ciencias. Al mismo tiempo, habilidades comunicativas para mediar de forma efectiva en el resultado de aprendizaje de sus estudiantes en contextos colaborativos de enseñanza, en las relaciones intra e interdisciplinares
- Dominio de las vías para el diseño de estrategias pedagógicas integradas, metodologías activas y evaluación de resultados de aprendizaje, teniendo presente los itinerarios fijados en el currículo y las exigencias formativas expresadas en los proyectos educativos, así como el uso de las tecnologías de la información y la comunicación

El componente de **retroalimentación** de la gestión del conocimiento comprende:

- Registro y seguimiento al proceso formativo. Se concibe que una vez diseñada la estrategia de gestión se constate el resultado de las evaluaciones sistemáticas y se pueda realizar un seguimiento oportuno al proceso formativo y finalmente se haga posible evaluar el impacto de la gestión del conocimiento. Se deben comprender las notas y los indicadores de logro por campos específicos del conocimiento

- Participación de todos los actores, incluyendo a los estudiantes, durante el proceso de diseño, implementación y análisis de logro en la mediación de los aprendizajes

- Difusión e intercambio de experiencias. El registro del proceso de gestión y la observación de las variables incidentes facilita la retroalimentación permanente sobre logros, debilidades y oportunidades de la gestión para la asunción oportuna de medidas y a su vez, se constituya en una fuente de información para su intercambio entre los actores educacionales; en busca de la mejora continua

El componente **energético** de la gestión del conocimiento comprende:

- Planificación y ejecución de las actividades vinculadas en contextos y temporalidades que favorezcan el hacer saludable de los docentes, profesionales asistentes y comunidad educativa en general, así como de los estudiantes, donde la planificación integrada permita el cumplimiento de las tareas sin sobrecargas de trabajo. En el caso de los estudiantes, por ejemplo, teniendo presente el cumplimiento del estudio autónomo y de los docentes y comunidad educacional observando que la carga de trabajo ocurra en contexto, que eviten la saturación de actividades

Para hacer posible cumplir con estos componentes de la gestión del conocimiento, hay que observar las variables incidentes en la reprobación e insuficiencias en los aprendizajes de los estudiantes, desde el punto de vista del quehacer formativo y desde una postura preventiva. De forma general se pueden presentar ejemplos de nudos críticos relacionados con dichos componentes y que desencadenan **disonancia en la enseñanza**, expresada en falta de integración del proceso docente y su consecuencia negativa al generar desajustes, que no facilitan las mejores condiciones para el desarrollo del estudio autónomo y mejores resultados en los aprendizajes de los estudiantes (**disonancia en los aprendizajes**).

XIII. c.- Nudos Críticos en la Gestión del Conocimiento

Los nudos críticos relacionados con la gestión del conocimiento hacen referencia a que docentes y profesionales de apoyo trabajan, sin tener presente el proceso de aprendizaje de forma integrada:
- Desarticulación
- Saturación
- Homogenización
- Desestimación generacional
- Anulación

Al abordar los nudos críticos en la gestión del conocimiento aparece como símil la expresión enunciada por Oppenheimer A. (2018), al iniciar el libro alusivo al futuro del trabajo en la era de la automatización, que recuerda su obra referente a la integración de los pueblos latinoamericanos: "Los Estados Desunidos de Latinoamérica". De análoga desunión son los enunciados a que hacen referencia los nudos críticos, pero visto en el contexto de la educación. La integración de la enseñanza para una educación inclusiva de la diversidad de estudiantes es el camino que se propone.

La **desarticulación** se presenta cuando el docente no tiene conocimiento de los aprendizajes previos de sus estudiantes en etapas anteriores. La disonancia en la enseñanza lleva a que docentes y estudiantes se desmotiven. Los mediadores sienten vacíos formativos, que no le permiten avanzar con el cumplimiento de lo planificado y los estudiantes no aplican lo anteriormente tratado en los nuevos contextos formativos, el conocimiento deja de ser funcional.

Por un lado, es necesario contar con informe de resultados de aprendizaje de los estudiantes de cada fase previa, que comprenda más que las notas, los logros por indicadores, por otro asumir como premisa de todo proceso formativo la necesidad de aplicar evaluaciones diagnosticas.

La respuesta pedagógica para evitar esta situación es la observación sistemática de los avances en los aprendizajes de nivel en nivel, bajo la orientación metodológica de la dirección del proceso de enseñanza aprendizaje, es decir demanda de gestión articulada y colaborativa.

La **saturación** consiste en que se reiteren contenidos y habilidades en los mismos niveles de complejidad ya tratados con los estudiantes, sin provocar cambios en los resultados de aprendizaje, lo que genera aburrimiento, desmotivación por la actividad de estudio, incluso frustración en los estudiantes. El origen se encuentra en la disonancia en la enseñanza, ya que el docente puede desconocer lo que ya se trató en ese mismo nivel de complejidad en otra asignatura, es fruto del desconocimiento y la consecuencia es la disonancia indicada los aprendizajes de los estudiantes.

La respuesta pedagógica ante este nudo crítico es la interacción docente, como punto de partida del proceso formativo, contar con información oportuna de los campos del conocimiento ya tratados y en qué niveles de complejidad. La respuesta pedagógica para evitar esta situación es la observación sistemática de los avances en los aprendizajes de nivel en nivel, bajo la orientación metodológica de la dirección del proceso de enseñanza aprendizaje, es decir demanda de gestión articulada y colaborativa.

Cuando los estudiantes son tratados durante el proceso formativo, sin tener presente sus particularidades individuales ocurre la **homogenización**. La disonancia en la enseñanza se expresa en que no se toman en cuenta las diferencias individuales, sus potencialidades de desarrollo, lo que conlleva a la disonancia en los aprendizajes, expresada en pérdida del talento y retrasos en el desarrollo de los estudiantes.

La respuesta pedagógica para evitar dicha situación se encuentra en la determinación del perfil de ingreso del alumnado, desde su ingreso a la casa de estudios y el diagnóstico del nivel previo de logro en los aprendizajes en cada disciplina, como requisitos indispensables para iniciar la nueva fase del proceso formativo y la atención a las diferencias individuales, movilizando los mecanismos institucionales concebidos para ello.

En estudios presentados sobre variables incidentes en la permanencia de estudiantes en la educación superior, Besil C, (2010) destaca entre las más relevantes las siguientes: solidez vocacional y el apoyo familiar entre otras. Lo que fortalece la idea de la necesidad de caracterizar a los estudiantes, no solo desde el punto de vista del desarrollo cognoscente, sino también actitudinal y socio cultural.

La respuesta pedagógica para evitar esta situación es caracterizar cada estudiante, asumiendo todos los componentes de la actividad de aprendizaje y así contar con sus perfiles actitudinales – cognoscentes, la observación sistemática de los avances en los aprendizajes de nivel en nivel, bajo la orientación metodológica de la dirección del proceso de enseñanza aprendizaje, es decir demanda de gestión articulada y colaborativa.

La **desestimación generacional** se manifiesta cuando los docentes no asumen la incidencia de los cambios socioeconómicos y culturales durante su rol mediador con otras generaciones. Tienden a entender el proceso de aprendizaje, desde la propia vivencia y asumen que si fue exitosa, se puede replicar.

El progreso científico-técnico ocurre de forma vertiginosa y demanda de permanente actualización por parte de los mediadores. El acceso a la información es de cada vez más amplia cobertura. Internet se pone a disposición de todos(as) y ante cualquier inquietud relacionada con el conocimiento, resulta fácil consultar.

Así, por ejemplo, surgen nuevas tecnologías comunicacionales y es necesario incorporarlas al proceso formativo. La disposición a su uso es favorable y a su vez, los estudiantes necesitan de apoyo para el análisis y búsqueda de información desde una perspectiva profesional.

La aplicación de las tecnologías, con una adecuada orientación de los docentes, impide la disonancia en la enseñanza y por ende en los aprendizajes. En el proceso formativo deben incorporarse de forma articulada: el desarrollo de habilidades para la resolución de problemas, el pensamiento algorítmico, la programación y la robótica. La gestión colaborativa es de sólida vigencia en la sociedad actual, de creciente incremento de opciones de enseñanza y aprendizaje en contextos virtuales, ampliando las iniciativas de aprendizajes cooperado de estudiantes ubicados en diferentes lugares.

La **anulación** pedagógica ocurre cuando los profesores desconocen la planificación de otros docentes e incluso no llegan a integrar las mismas. Esta disonancia en la enseñanza lleva a que los estudiantes tengan sobrecargas de trabajo en determinados momentos del proceso formativo, por ejemplo, excesivos textos y documentos y no alcance el tiempo para estudiarlos. Igualmente puede suceder con la generación de trabajos prácticos, evaluaciones, etc.

En esta situación el docente antepone el cumplimiento de los logros esperados en sus asignaturas, por sobre la interacción coordinada, favorecedora del estudio autónomo de los estudiantes.

La consecuencia se expresa en una disonancia en el aprendizaje, consistente en que los estudiantes hacen unas tareas y otras las desechan, prácticamente adoptan una postura de sobrevivencia curricular; para poder seguir avanzando de algún modo.

La respuesta pedagógica consiste en la generación de la planificación integrada con la utilización de herramientas tecnológicas, que permitan la observación y regulación del equilibrio de las cargas de trabajo autónomo de los estudiantes, bajo la regulación de la dirección metodológica de los estudios.

En síntesis, las respuestas pedagógicas indicadas anteriormente, destacan la necesidad de que el proceso docente sea desarrollo en contextos integrados y colaborativos.

XIII. d.- Sentido de la Gestión del Conocimiento

Las instituciones formativas diseñan su Proyecto Educativo con el propósito de dar respuestas a las demandas culturales del entorno en que encuentran ubicados, desde los criterios normativos universales, que regulan los sistemas educacionales. Bajo esta idea, M. Quintana (2012) indica que ello implica:

- Crear condiciones para la construcción del sello distintivo institucional

  - Conformar una Comunidad de Aprendizaje abierta a la diversidad, participativa y comprometida con la calidad de su gestión
  - Potenciar el respeto y valoración por la pluralidad de capacidades, educando desde los Derechos Humanos, con sustento en la Convivencia Democrática y la Paz
  - Generar convergencia entre los fundamentos del Proyecto Educativo Institucional y aspectos organizativos-operativos de la gestión institucional:

    - Clarificar derechos y deberes para precisar funciones, responsabilidades y ámbitos de actuación en aras del fortalecimiento institucional
    - Fortalecer estrategias organizativas y didácticas, que permitan la generación coordinada y sistémica de respuestas educativas y apoyos ajustados a las características y requerimientos del alumnado

- Crear una gestión institucional democrática y eficaz, concebida desde la perspectiva de los Sistemas de Apoyo:

- Ajustar los procesos de enseñanza y aprendizaje a los intereses, expectativas y capacidades del alumnado, considerando las opiniones de la familia
- Fortalecer la gestión estratégica para el logro de objetivos institucionales, sobre la base a la apertura y protagonismo hacia y en la comunidad local
- Priorizar la utilización óptima de recursos humanos disponibles o que debieran ser incorporados para estabilizar y mejorar la gestión institucional
- Priorizar la utilización óptima de recursos materiales, tecnológicos y de la infraestructura para estabilizar y mejorar la gestión institucional

Al observar los alcances de dichas normativas, es factible concluir que el sentido de una institución formativa se encuentra en la gestión para el aprendizaje del alumnado. Esa es la esencia de todas las acciones que se conciban en los planes estratégicos y de desarrollo en general.

Gestión educativa implica orientar todos los esfuerzos en función de favorecer los aprendizajes del alumnado, bajo el control de indicadores de calidad. La dirección curricular - pedagógica, se constituye en la expresión esencial de su razón de ser.

De aquí, que los directivos educacionales tienen que ser competentes de manera particular en este ámbito de la dirección educacional. Ello implica ser líderes en el ejercicio docente: orientar el trabajo docente, desde el saber hacer en la gestión de los aprendizajes.

La brújula orientadora del quehacer educativo y formativo se encuentra en los mapas de progresos curriculares. Éstos, orientan los objetivos (resultados de aprendizaje) a cumplir en los diferentes niveles de enseñanza. De tal manera, los profesionales involucrados en el proceso docente educativo tienen metas específicas y generales que cumplir en cada nivel y en las relaciones interniveles de forma integrada y articulada.

Para que se concrete la implementación de la propuesta curricular, es necesario partir del conocimiento profundo sobre el alumnado, la realidad social y cultural donde se ubica el establecimiento, así como las propias particularidades de los docentes y profesionales de apoyo a la docencia.

Ello debe quedar expresado no solo en el plan de desarrollo general, sino también en los planes individuales de cada uno de los miembros del claustro y que comprenda las actividades a desarrollar, como por ejemplo: asignatura a impartir, actividades autoperfeccionamiento de su responsabilidad o en la que debe participar, tareas de registro de experiencias pedagógicas, investigaciones a desarrollar y actividades de capacitación y perfeccionamiento.

XIII. e.- Los Objetivos de Aprendizaje y los Resultados de Aprendizaje

Los programas de estudio precisan sus objetivos y resultados de aprendizaje desde cualquier punto de vista curricular. Lo fundamental se encuentra en que se delimiten los roles de los involucrados, con énfasis en lo que el estudiante debe lograr realizar. Lo que implica saber, comprender y hacer.

Para el diseño de una actividad docente, es necesario tener presente que debe abarcar el estado del arte (saber), es decir lo más actual del conocimiento, las investigaciones desarrolladas en el ámbito y la aplicabilidad en la práctica. Así se logra conjugar la teoría con la práctica. Lo que lleva a comprender y hacer (aplicar).

Siguiendo el modelo ontogénico de desarrollo, se pueden plantear los objetivos formulados en función de lo que se debe aprender. Es meritorio señalar que el objetivo es alusivo a lo que se aprende de forma mediada. Es decir se formula en función del aprendiz y configura su activismo en el proceso de aprendizaje.

Desde una mirada ontogénica el aprendizaje es de naturaleza concreta para que luego sea representativo y finalmente con la ayuda de signos idiomáticos. Siguiendo esta trayectoria es factible formular las clasificaciones de los objetivos de aprendizaje como la de B. S. Bloom (1974), luego la de L. W. Anderson y D. R. Krathwohl (2001), más recientemente la de R. J. Marzano y J. S. Kendall (2008) y otras.

B. S. Bloom destaca la clasificación de los objetivos como un modelo para el diseño curricular y la determinación de los resultados educacionales. Se orienta hacia el uso preciso de los verbos alusivos a cada nivel cognoscente:

1. Recordar
2. Comprender
3. Aplicar
4. Analizar
5. Sintetizar
6. Evaluar

Desde una perspectiva evolutiva, se entiende que cada nivel está precedido por el anterior. La creación demanda evaluación, operar en lo esencial, expresado a través de la síntesis, generada desde el análisis de los objetos y fenómenos durante la actividad práctica, que ocurra de forma comprensiva; desde las propias vivencias fijadas, para que sean reproducidas (recordar).

Se debe precisar que el mismo autor al referirse a los principios de la taxonomía, reconoce que dista mucho de ser un esquema clasificador de todos los fenómenos psicológicos. Simplemente, se orienta sobre el tránsito de lo más simple a los más complejo durante los aprendizajes. No obstante, sólo al observar que se inicia con recordar, niveles cognoscentes precedentes han quedado atrás y también demandan de rigurosidad durante las relaciones directas y mediadas con el mundo circundante. Justamente, las que llevan a la evocación de imágenes mentales que serán propicias para ser recordadas, como indica la taxonomía.

Dicha taxonomía fue observada por L. W. Anderson y D. R. Krathwohl (2001) generando una incorporación en relación el nivel **creativo** en los aprendizajes, luego de **evaluar**, quedando los anteriores niveles, exceptuando el nivel de **síntesis**. Sigue siendo meritorio fijar atención en los aprendizajes anteriores a recordar:

1. Recordar
2. Comprender
3. Aplicar
4. Analizar
5. Evaluar
6. Crear

Luego Marzano R. J. y Kendall, J.S (2008) presentan su propuesta que devela modificaciones hacia los niveles superiores:

1. Recuperativo
2. Comprensión
3. Análisis
4. Utilización
5. Sistema metacognitivo
6. Sistema interno

Desde un enfoque ontogénico es válido precisar los objetivos de aprendizaje desde edades tempranas. Para que tenga lugar el nivel recuperativo es necesario que el aprendizaje ocurra de manera vivencial directa con el objeto (aplicar), luego mediada por otro objeto, que genera la representación mental, que tendrá lugar en el nivel recordar o recuperativo, señalado por los anteriores autores. Hecho que tiene lugar de una manera comprensiva en la simultaneidad del acontecer cognoscente. Es importante que desde las edades tempranas se pueden perfilar con precisión los objetivos de aprendizaje y que uso mecánico de dichas taxonomías se convierta en obstáculo en el proceso de mediación que un recurso en función de facilitar la autonomía en los aprendizajes significativos y conscientes para decirlo de la pedagogía más universal.

En el aprendizaje desde la práctica, ocurre la aplicación reproductiva que facilita la comprensión, para dar paso a la aplicación en contextos cambiantes y cada vez más complejos y finalmente facilitar la creatividad y la innovación.

Por el contrario, cuando tiene lugar desde la teoría, emerge en primer plano la comprensión y desde ella, la aplicación guiada hacia contextos de mayor complejidad y de nuevo creatividad e innovación.

En ambas opciones es un crecimiento hacia la autonomía cognoscente que activa todos los componentes de la actividad de aprendizaje y sobrepasa el límite reducido que puedan representar dichos niveles, que declaran la creciente complejidad de los aprendizajes, pero no llaman a la esquematización de los procesos de mediación. A manera de ejemplo, aplicar, evaluar, comprender impregnan todos los niveles. La metacognición tiene lugar desde la comprensión del paso a paso en la resolución de problemas y el análisis de las diferentes opciones, para llegar al mismo resultado.

Es justo la idea que se presenta en la ejercitación sistematizada en este libro en cada uno de sus capítulos. No se puede perder de vista la factibilidad de reflexionar sobre los niveles superiores de objetivos de aprendizajes, que pudieran perfilar la opción de evocar estructuras semánticas más profundas en el individuo y den paso a niveles que expresen la innovación y la autovaloración, como cúspide del desarrollo integral de las personas.

De forma general, con la finalidad de ejemplificar sobre el uso de objetivos de aprendizaje que resultan de mayor frecuencia, se continuará con la taxonomía de B. S. Bloom.

Un mismo contenido, debe ser internalizado por el alumnado en diferentes niveles de complejidad de actividades y contextos metodológicos. Recordar, implica reproducir las vivencias y como hecho memorístico, no es necesario que se comprenda lo que se recuerda. Por ejemplo, se puede reproducir la letra de una canción en un idioma que no se domina. De igual manera, una letra de una canción asociada a su música, sin haber tenido como objetivo, que tuviera está aprehensión del conocimiento y sin embargo se produjo aprendizaje.

Se logra, por ejemplo, desarrollar la habilidad para articular palabras del idioma materno y no tener claridad comprensiva de la sucesión de articulaciones, que hacen posible la producción de fonemas implícitos en una palabra.

Mientras que comprender permite caracterizar las particularidades de los objetos y fenómenos. Se tiene conciencia de los pasos a seguir para ejecutar las acciones y operaciones durante el proceso cognoscitivo. Siguiendo el ejemplo anterior, implica dominar las poses articulatorias, lugar de ejecución, participación de las cuerdas vocales, etc. Es necesario proyectar objetivos para conseguir dichos dominios, que cultivan la autonomía metacognitiva.

La propia comprensión tiene sus niveles de complejidad, que van desde la orientación en relación con elementos aislados a sus interrelaciones, que de inmediato implican análisis y síntesis. A manera de ejemplo, observar la ejercitación que se describe en el subcapítulo IX. a. de este libro.

Comprender lleva a que se pueda aplicar lo aprendido en situaciones cambiantes a partir del modelo de actuación internalizado. La resolución de problemas cada vez más complejos, facilita el análisis de las variables incidentes y la síntesis de rasgos relevantes. De tal manera, se consolidan los indicadores que develan las vías de evaluación de los procesos implementados. El dominio del estado del arte de las ciencias y la aplicación experimental facilitan el enriquecimiento del conocimiento, por medio de la creación y la innovación.

Aplicar comprensivamente es un reto que se concibe no solo desde el objeto de estudio, sino también desde la perspectiva en que se asume. Así, por ejemplo el lingüista y el logopeda coinciden en el mismo campo de estudio, pero la esencia de cada una de las ciencias, los niveles de dominio de los fenómenos serán de diferentes magnitudes. El lingüista, por ejemplo, alcanza mayor nivel comprensivo de la lingüística aplicada al desarrollo del lenguaje humano y el logopeda la comprensión de las afectaciones del lenguaje, su prevención y atención.

En correspondencia con el resultado de aprendizaje que se plantea como meta, el análisis se inclinará de manera diferencial. Cuando se trata del estudio de las particularidades de la emisión de fonemas de un filólogo se orienta a comprender los mecanismos propios de la generación de fonemas en diferentes idiomas.

En el caso de un logopeda (fonoaudiólogo) el mismo estudio tiene como finalidad analizar los mecanismos ontogénicos, que se encuentran afectados en los trastornos del lenguaje hablado. De tal manera, la perspectiva de estudio facilita crear en una dirección o en otra de las ciencias, lo que dimensiona de manera particular el aspecto comprensivo en los aprendizajes; como su variable de mayor relevancia en el acontecer cognoscente. Desde esta mirada, el estudio multidisciplinario de un mismo objeto facilita la integración de las ciencias para dar a la comprensión holística de lo objetos y fenómenos.

Se toma en cuenta que el aprendizaje tiene lugar cuando encuentra aplicación práctica, entonces todo abordaje de un contenido debe ser:

- Aplicativo
- Aplicativo reflejo
- Aplicativo modificado
- Aplicativo creativo

El alumnado enfrenta un nuevo contenido, cuando la actividad es de acercamiento o familiarización; puede realizarse desde lo concreto y por tanto se involucra en situaciones prácticas (aplicativo), que luego pueden llevar a realizar lo mismo de forma reproductiva refleja, es decir, a través de modelos de la misma característica de lo ya conocido (aplicativo reflejo), para más tarde incorporar modificaciones cuantitativas y cualitativas, que impliquen reorientaciones ante los nuevos contextos de aprendizajes (aplicativo modificado). De tal manera, se arriba a situaciones nuevas y cada vez más complejas, donde se aplica lo aprendido (aplicativo creativo). Ejemplo relación con el contenido "Receta de comidas":

- Estudio de los pasos para el diseño de una receta
- Observación del proceso de diseño de una receta
- Participación en el diseño de una receta
- Elaboración de una receta
- Aplicación de una receta
- Modificación de una receta
- Creación de una nueva receta

Algunas potenciales demandas interdisciplinarias en contextos de gestión pedagógica colaborativa para facilitar el logro de una comprensión holística del campo de estudio señalado:

- Realizar operatorias de cálculo con los ingredientes de la receta en la asignatura Matemáticas, utilizando como unidad de medida el gramo
- Comprender la relevancia cultural de los alimentos y su consumo en la asignatura Historia y Geografía
- Analizar la implicación alimenticia relacionada con la receta en la asignatura de Educación Física
- Dibujar los ingredientes relacionados en la asignatura de Artes
- Cantar o recitar canciones y poemas relacionados con la receta en el contexto de las asignaturas de Música o de Lenguaje y Comunicación
- En la atención individual a estudiantes del grupo que reciben apoyo, por ejemplo, del fonoaudiólogo, se ejercita el vocabulario con palabras relacionadas con la receta

Dichos aportes interdisciplinarios pueden darse antes, durante o después, según acuerde la comunidad educativa, teniendo presente que no tengan lugar los nudos críticos antes señalados.

Durante el desarrollo de las diferentes actividades que organicen y ejecuten el grado de participación del profesorado y del alumnado, las formas de organización son: expositiva, elaboración conjunta y creativa:

- Teórica (T)
- Práctica (P)
- Teórica – Práctica (TP)
- Práctica – Teórica (PT)

En las actividades expositivas, teóricas, el docente ocupa un lugar rector en el proceso, pero propiciando el diálogo y construcción conjunta del conocimiento. Cuando se organizan actividades prácticas, se demanda mayor activismo de los participantes. Igualmente sucede en el caso de las teóricas de profundización. En general, es factible combinar lo práctico y lo teórico en el diseño de las actividades docentes.

Siempre se debe observar que favorece más los aprendizajes. A partir de las regularidades ontogénicas del desarrollo, el aprendizaje es más accesible en el tránsito de la práctica a la teoría. En cualquier variante que se asuma, todo aprendizaje debe ser abordado desde lo teórico y lo práctico en continua alternancia. Lo que implica la asunción de los métodos de enseñanza, los que se clasifican en:

- Construcción conjunta (Cc)
- Aprendizaje por descubrimiento (Ad)
- Elaboración creativa autónoma (Eca)

La construcción conjunta (Cc) indica el desempeño de roles compartidos entre el docente y el alumnado, durante la aprehensión de lo que se aprende. El docente diseña el contexto de aprendizaje y el alumnado cumple con tareas concretas, que le permiten llegar con independencia a generar conclusiones sobre lo que aprende.

La construcción conjunta, genera la iniciativa por la producción del conocimiento. Para ello, es importante que el o la docente tome en cuenta: la exposición problémica, la búsqueda parcial de la solución de problemas, la aplicación del método científico, el desarrollo de juegos didácticos y actividades, que lleven a la presentación de los resultados alcanzados en los estudios teóricos y prácticos, a través de debates, mesas redondas, paneles y otros.

En el aprendizaje por descubrimiento (Ad), el alumnado puede, a través de situaciones específicas de aprendizajes, llegar a constatar regularidades demostradas en las ciencias de manera autónoma. Para el alumno es un descubrimiento propio y que resulta estar sistematizado y establecido por investigadores y estudiosos del correspondiente campo del conocimiento.

En el ejemplo siguiente, el alumnado de un curso de postgrado dirigido a docentes en ejercicio debe adoptar un camino para favorecer el dominio de las particularidades de un fenómeno climatológico. El docente solicita que se argumente el orden en que se desarrollarán las habilidades, teniendo presente que sea de la práctica a la teoría y el número que indica el inicio es el 1:

Habilidad	Orden a partir del número 1
Definir	
Comparar	
Clasificar	
Describir	
Observar	

La experiencia demuestra que los docentes participantes logran de manera autónoma percatarse de que usan conceptos, sobre los que no tienen claridad metacognitiva. Generalmente, al hablar de definir hacen alusión a particularidades de la descripción, no se toma en cuenta el orden de las habilidades a desarrollar y ello implica, que involucren a sus estudiantes en situaciones ambiguas de aprendizajes.

En la medida que se van consolidando los conceptos durante la construcción conjunta de los participantes, se llega a la idea de que si es de la práctica se debe iniciar desde la observación. A partir de lo observado, se realiza la caracterización de las constataciones (describir), luego comparar, clasificar y finalmente definir.

Al menos, los estudios de manifestaciones de fenómenos climatológicos permiten realizar ejercicios para determinar semejanzas y diferencias (comparación). Las semejanzas admiten la agrupación y de tal manera, se generaron clasificaciones de los fenómenos climatológicos.

Esta ejercitación permite que los estudiantes lleguen a precisar los rasgos más esenciales presentes en los distintos fenómenos climatológicos observados con los que hace factible generar definiciones.

De tal manera, el estudiante construye sus propios aprendizajes con la mediación del docente. El aprendizaje es activo, sin necesidad de memorizar mecánicamente conceptos. La actividad práctica dirigida, permite que los estudiantes recorran el mismo camino que recorrió la ciencia para llegar a la generación de conceptos. El estudiante se encuentra en condiciones de emitir juicios sobre lo que representa un fenómeno climatológico desde su propia experiencia, teniendo presente el estado del arte sobre este campo del conocimiento. Se hace factible la argumentación. Se sugiere retomar la ejercitación comprendida en el capítulo IX de este libro en relación con el desarrollo de las habilidades verbales.

El aprendizaje por descubrimiento facilita la planificación de espacios que llevan al alumnado a realizar aportes desde sus experiencias previas hacia los nuevos campos del conocimiento, sus particularidades y aplicaciones.

De tal manera, se transita de formas de actividad docente, donde reproduzcan el conocimiento, lo produzcan al realizar síntesis de diferentes trabajos de autores, hasta llegar a exponer sus propias vivencias e indagaciones con el uso del método científico, lo que denota creatividad en los aprendizajes.

En las actividades que denotan aplicación creativa, el alumnado ejecuta lo aprendido en condiciones nuevas y de mayor complejidad. La **Elaboración creativa autónoma (Eca)** lleva implícito todo el proceso de asunción del problema, el diseño del proceso de solución, su implementación y presentación de los nuevos resultados. Ello implica un nuevo aporte a las ciencias y a la tecnología, llevando implícito un reconocimiento por la comunidad en general y científico en particular. La innovación y el emprendimiento pueden tener en todos los niveles escolares, lo que se puede observar en las ferias tecnológicas, donde se presentan emprendimientos de niños, niñas y jóvenes de diferentes grupos etarios.

Los procesos del pensamiento: (abstracción, generalización, análisis y síntesis) siempre están presentes durante los aprendizajes. Según las actividades que se diseñen, en consonancia con el método de enseñanza que se aplique, puede tener preponderancia el análisis de particularidades para llegar a establecer unidades de síntesis o por el contrario, ir del todo a la parte en el proceso de estudio. Con ello, se establece el carácter inductivo o deductivo de los métodos.

Así, por ejemplo, en la observación de diferentes formas de medios de transportes, es factible percibir que hay rasgos que pueden estar presentes en unos y no en otros, y que no son los que le permiten generar la síntesis del concepto medios de transporte, como una expresión de abstracción de los rasgos no esenciales y asumir aquellos que sintetizan la esencia de dicho concepto. De tal manera, los procesos mentales siempre se encuentran vigentes durante los aprendizajes a diferentes niveles.

Cuando se trata de la observación de objetos y fenómenos aislados, se moviliza el análisis de sus componentes para su síntesis, lo que implica abstracción de lo eventual y enmarcarse en la generalización de lo común y transcendental.

No obstante, los procesos mentales pueden ser usados en calidad de objetivos de enseñanza como se registra en la taxonomía de B. S. Bloom o si se asumen en calidad de una habilidad a desarrollar por el alumnado.

A partir del método de enseñanza que se aplique, se transita de la teoría a la práctica o viceversa. En este contexto, el contenido es una justificación para el logro de los objetivos de la enseñanza. Para ejemplificar lo anteriormente indicado se presenta la planificación de actividades en relación con la progresión de objetivo dentro de un mismo contenido referido a los animales y su clasificación:

Tabla 7. **Contenido: Los Animales y su Clasificación**

Encuentros	Objetivo	Forma de Organización	Observación
Primer encuentro	Comparar los animales, atendiendo a sus características	Taller práctico	- Representación de un animal, atendiendo a una característica dada, previa a la clase - Se orientará para que se proceda a la agrupación y reagrupación de los animales representados, atendiendo a la coincidencia de una característica, por ejemplo el alimento que consumen y se les identifica con el nombre, mediante un cartel que los agrupa - Orientación de un trabajo práctico con materiales concretos, que permitan representar las particularidades y faciliten la agrupación de los animales
Segundo encuentro	Caracterizar las particularidades de los animales y sus clasificaciones	Taller práctico teórico	- El alumnado presenta sus representaciones y a partir de sus comentarios, se desarrollan los aspectos teóricos sobre las características de los animales y sus clasificaciones - Orientación del estudio independiente del tema tratado en libro de texto y entrega de una guía de preguntas para el desarrollo de un taller teórico de profundización
Tercer encuentro	Clasificar los animales a partir de variables esenciales	Taller teórico de profundización	- Se desarrolla el taller, a través de preguntas y respuestas - Se termina orientando la visita a un zoológico para la realización autónoma de la clasificación de animales con la ayuda de una guía...

Como se pudo observar en el ejemplo, el contenido es el mismo, pero cambia su complejidad y activismo del profesorado y del alumnado, durante el proceso docente educativo.

En el propio ejemplo anterior se perfila la modificación de los contextos de aprendizaje en rreferencia a la interacción con los objetos de forma concreta, sus representaciones (imágenes) y sus verbalizaciones. De tal forma los contextos son:

- Objetal
- Representativo
- Verbal

El contexto es **objetal** cuando la mediación ocurre con la interacción directa, inmediata con los objetos y fenómenos, es decir, es de naturaleza concreta. Ejemplo: El alumnado identifica colores de objetos, sin que tenga que estar implícita la denominación por parte de los aprendices, pero sí, por las emisiones verbales acompañantes que genera el mediador.

Cuando se utilizan imágenes de los objetos y fenómenos, se dice que el contexto de mediación es **representativo**. Se realizan las actividades con fotos, videos, dibujos, maquetas, etc.

Sí la mediación es de naturaleza **verbal**, puede ser de forma pasiva, activa y mixta. Ejemplo desde una perspectiva ontogénica. Objetivo: Denominar el color verde:

- Denominación pasiva
El mediador dice el color verde y se solicita señalarlo por parte del aprendiz: indica el objeto que es de color verde
- Denominación activa
El mediador pregunta el nombre del color: ¿de qué color es el objeto?
- Denominación mixta

Se considera mixto cuando se combinan en una misma actividad los diferentes contextos de mediación, es decir, atendiendo a la individualización del proceso de aprendizajes, unos aprendices interactúan con el mismo contenido, pero los niveles de exigencia pueden ser distintitos. Indudablemente, el nivel verbal activo demanda mayor complejidad en los aprendizajes, en vínculo con el dominio práctico.

En general, según el activismo verbal del aprendiz en cada contexto se dice que se encuentra en **pasivo** cuando ejecuta y no se promueve que verbalice. Cuando se tiene como objetivo que verbalice sobre lo que hace primero en presente, luego en pasado y finalmente en futuro, se dice que es **activo**. Finalmente cuando se vinculan las dos opciones durante la ejecución de las tareas, según el dominio que vaya alcanzando sobre la operatoria se califica como **mixto.** Es decir, las verbalizaciones tendrán lugar en vínculo con el dominio, lo que hace posible sincronizar el hacer con responder a preguntas, sin que se afecte la calidad de la ejecución.

El contexto de aprendizajes es una convocatoria al hacer conjunto, donde tienen lugar diferentes habilidades:

- Actitudinales
- Cognoscitivas
- Comunicativas
- Organizacionales
- De programación

Las habilidades son **actitudinales**, cuando se implementan durante las relaciones emocionales con el otro, se regulan y autorregulan los estados afectivos propios y de otros.

Las habilidades son **cognoscitivas**, cuando se implementan durante la indagación y resolución de problemas en planos concretos (relaciones directas con los objetos), representativos (relaciones mediadas por las imágenes de los objetos) o verbales (relaciones mediadas por la palabra denominativa y la categorial).

Las habilidades **comunicativas** se manifiestan en las relaciones intra e interpsicológica, donde el sujeto genera y comprende los códigos, teniendo en cuenta el valor del significado y los sentidos personales de los recursos comunicativos que se esgrimen, favoreciendo la actividad conjunta.

Las habilidades son **organizacionales** en el caso de la implementación de mecanismos de control y seguimiento a las actividades, que ejecutan y sientan bases para la autoevaluación y autovaloración.

Las habilidades también son de **programación** cuando se sistematizan las acciones del proceso formativo y luego se implementan en la práctica.

En cada actividad de aprendizaje, se observan las habilidades cognoscitivas no verbales y verbales, que están presentes en calidad de medios para el logro de los aprendizajes o en calidad de su objetivo. Observación de ejemplos mediante la tabla siguiente:

Tabla 8. Ejemplo de la Movilidad de las Habilidades Según el Objetivo de la Mediación

Objetivo	Acciones	Operaciones
Desarrollar la **habilidad** de describir	- Denominar - Enumerar - Cualificar - Denotar acciones - Contextualizar	- Identificar - Accionar - Discriminar la composición sonoro-gráfica de los recursos comunicacionales - Relacionar palabras al interior de las oraciones
Reconocer las particularidades de un texto literario	- Denominación del texto - Sus partes - Cualificar el modo de sus enunciados - Denotar su intención - Contextualizar el contexto en que se desarrolla	- Asociar - Analizar - Sintetizar - Relacionar - Comparar - Clasificar - Definir - Argumentar

En la tabla se presentan dos posiciones distintas de mediación: cuando el resultado de aprendizaje es desarrollar la habilidad o cuando es factible que por medio de ella se facilite el logro de aprendizajes más complejos. Ejercitar la habilidad de describir con sus acciones y operaciones luego facilita identificar las particularidades de un texto literario con la incorporación de otras operaciones, que otros contextos también pueden ser habilidades por desarrollar o implicarse en el desarrollo de otra habilidad.

El aprendizaje de la habilidad de describir, su acciones y operaciones son activadas durante el reconocimiento de un texto literario, incorporándose otras acciones relacionadas con otras habilidades más complejas, según el objeto a describir y la finalidad que se persigue. Por ello el verbo que se utilice en referencia los logros de aprendizajes no dan suficiente claridad sobre la profundidad de las tareas de aprendizajes, que pueden implicar operatorias con altos niveles de autorregulación metacognitiva.

Si bien las habilidades no verbales preceden a las habilidades verbales en el desarrollo y a su vez, tienen en sucesión evolutiva jerárquica, en la medida que se van dominando; van alcanzando diferentes roles y lugares dentro del diseño de las actividades de enseñanza – aprendizaje. El profesorado debe tener presente en qué medida se domina la habilidad para que se constituya en:

- Objetivo de aprendizaje, si es una condición para que se pueda ejercitar dentro de un campo del conocimiento
- Una acción dentro de una habilidad
- Una operación de una acción

El hacer con el objeto lleva al hacer con la imagen y luego con la palabra. Cada hacer opera y se genera desde el anterior y encuentra razón de ser en esta interacción creciente. Luego, se hace factible ir del hacer verbal (dominio teórico) y al representativo y objetal (dominio práctico). Siempre involucrando los procesos mentales de análisis - síntesis y abstracción - generalización.

Siguiendo con los ejemplos, en el desarrollo de la habilidad para relacionarse con otras personas se encuentra el sistema de acciones que forman la habilidad de un comunicador social. Se puede observar por medio de la tabla siguiente:

Tabla 9. **Habilidad para la Comunicación Verbal Social por Vía Oral**

Objetivo	Acciones	Operaciones
Comunicar información de forma oral (Habilidad)	- Respirar de forma diafragmo-costal	- Inspirar En el momento de la inspiración el diafragma se contrae, baja y con ello aumenta el volumen longitudinal de la caja torácica. Al mismo tiempo, ocurre un aumento del volumen transversal de la misma, como consecuencia de la contracción de los músculos intercostales. En general, el resultado es que el volumen de esta cavidad se aumenta y la presión disminuye. El aire se dirige hacia los pulmones y entra como si fuera impulsado por un fuelle. La contracción de los músculos abdominales permite que el diafragma permanezca en tensión y se amplían las paredes del abdomen.

<table>
<tr>
<td></td>
<td></td>
<td>

- Pausar

Se concreta en un momento de detención para dar paso a la espiración.

- Espirar

En la espiración, el diafragma se relaja, se eleva y penetra en la cavidad torácica. El volumen longitudinal de ésta decrece, las costillas descienden y al mismo tiempo, provocan una disminución del volumen transversal de la misma. De esta manera, el volumen general se reduce, la presión aumenta y el aire excedente sale.

Durante la espiración, se racionaliza la energía para llegar a la aplicación consciente de pausa semánticas, que pongan en primer plano la idea sobre la necesidad de inspirar más aire, evitando ruidos nasales y/o bucales que distraigan al interlocutor.

</td>
</tr>
<tr>
<td></td>
<td>

- Asumir y mantener la postura corporal en correspondencia con lo que se comunica: expresión facial, gestos, vinculación corporal con lo que se expresa dentro del espacio compartido

</td>
<td>

- Adoptar y mantener una pose erguida, en el eje vertical
- Asumir expresión facial en correspondencia con el tema y la carga emocional de lo tratado
- Utilizar gestos en calidad de apoyo semántico a las ideas que se expresan en el plano verbal
- Vincular el cuerpo y las extremidades a las ideas propias del contexto
- Dominar los espacios para respetar las distancias

</td>
</tr>
<tr>
<td></td>
<td>

- Controlar el volumen de voz, modulaciones, tono, claridad, ritmo, fluidez en un contexto libre de tensiones en la zona laríngea

</td>
<td>

- Usar un volumen de voz acorde con el contexto cultural
- Modular la voz acorde con el sentimiento y las emociones que se comprometen durante el intercambio de ideas
- Regular el tono para evitar excesivos bajos o agudos en la voz
- Impostar la voz sin tensiones en la zona

</td>
</tr>
</table>

		laríngea - Ritmo y fluidez verbal para evitar pausas y repeticiones innecesarias - Respetar turnos para hablar, evocando aceptación y simpatía, creando condiciones para generar enunciados
	-Determinar el ambiente de comunicación: formal, cálido, restrictivo u otro	- Vestir acorde con el entorno comunicativo, evitando recursos excesivos y llamativos en lo personal, como en los medios de apoyo que se utilicen durante la comunicación - Adecuar los recursos verbales, los gestos y la mímica a las exigencias culturales y rigor del entorno
	- Generar enunciados que provoquen aceptación y deseos de intercambio de ideas con sentido de respeto por los puntos de vistas que se exponen y los turnos para escuchar y hablar	- Motivar la comunicación - Provocar sensación de aceptación mutua - Concebir ideas o registros semánticos sobre lo que se tratará - Organización verbal interna de los futuros enunciados con énfasis en el predicado - Inervación y denervación consciente de los sistemas periféricos del habla para lograr energía, voz y pronunciación - Control auditivo y cinestésico de las propias verbalizaciones - Decodificación de los enunciados del interlocutor: análisis y síntesis de la composición de sonora de la palabra (diferenciación fonemática) y comprensión de la relación entre las palabras (sintaxis)

Si el comunicador realiza todas las acciones y operaciones en correspondencia con las necesidades culturales del entorno y como tal se evidencia la aceptación, se considera que se ejecuta con calidad y así se certifica la competencia en comunicación social.

Se puede observar, que la habilidad de un comunicador social se forma por un conjunto de acciones, que al mismo tiempo implican operaciones. Una de estas acciones en sí misma, fuera del contexto de la habilidad de un comunicador social, es un requisito importante para lograr, por ejemplo, la habilidad para respirar bien durante el habla.

Lo que antes se constituía en una acción dentro de un sistema de ellas para concebir una habilidad más general, acá se constituye, en una necesidad para prevenir los trastornos de la voz en el alumnado. De tal manera, se busca que pueda automatizar y diferenciar la respiración costo – diafragmática.

Para seguir presentando ejemplos al respecto a continuación en referencia con el desarrollo de la habilidad para respirar de forma costo-diafragmática:

Tabla 10. **Habilidad para Respirar de Forma Costo-diafragmática**

Objetivo	Acciones	Operaciones
Respirar de forma costo-diafragmática (Habilidad)	- Respirar en posición horizontal - Respirar en posición sentado - Respirar en posición vertical - Respirar en posición vertical	- Inspirar aire vía nasal - Retener el aire espirado - Espirar el aire espirado sin y luego con vocalizaciones con control del tiempo

Desde la Didáctica, se asume que la habilidad es aquel componente del contenido que caracteriza las acciones que el aprendiz realiza al interactuar con el objeto de estudio. Para que el alumnado alcance un nivel consciente de dominio de una acción determinada, es preciso que se planifique y organice el proceso, teniendo en cuenta que el desarrollo de la habilidad junto con su actitud ante los estudios.

Aspectos metodológicos a tener en cuenta en la planificación del proceso para el desarrollo de habilidades:

- Derivar y formular los objetivos de aprendizaje, especificando la acción concreta a ejecutar por el o la aprendiz y el sistema de conocimientos

Tomemos otros ejemplos formulando objetivos de actividades docentes planificadas:

Tabla 11. **Planificación del Desarrollo de Habilidades**

Objetivo	Acciones	Operaciones
Buscar y analizar información **(Habilidad)**	- Seleccionar información	- Identificar (fuentes) - Jerarquizar opciones aceptables - Determinar variables - Establecer criterios de selección - Aplicar criterios de selección - Registrar información - Registrar observaciones
	- Procesar información	- Analizar la información - Sintetizar las ideas esenciales - Registrar palabras claves y citas relevantes - Registrar reflexiones propias, a partir de la búsqueda realizada

Además, se debe precisar los pasos metodológicos que resultan convenientes para facilitar su desarrollo. Esto se determina a través del diagnóstico las potencialidades de los estudiantes, que justifiquen el punto de partida de la mediación y la ejercitación paso a paso que resulte necesaria. Ejemplo:

Tabla. 12. **Pasos Metodológico para el Desarrollo de las Habilidades**

Habilidad	Pasos para su Ejercitación	Precisión Metodológica
Realizar la pronunciación del sonido /S/	Instaurar	- Instauración del sonido verbal con apoyo en un medio mecánico como, por ejemplo, un depresor para hacer bajar la lengua por detrás de los incisivos inferiores
	Automatizar	- Automatización del sonido instaurado en las diferentes posiciones dentro de la palabra y en oraciones
	Comparar	- Comparación del sonido verbal con otros diferentes y similar complejidad acústica y articulatoria

El que la habilidad pueda implementarse en un contexto, no es garantía que tenga lugar en otro. De acá la importancia de la ejercitación en condiciones cambiantes y cada vez más compleja. Ello lleva implícito que la articulación del proceso formativo traspasa los límites de las asignaturas, advirtiendo la intención de generar transferencias. En otras palabras, entregar oportunidades para que el alumnado ponga a prueba sus aprendizajes en otros contextos de participación social, que no necesariamente se vinculan al contexto inicial de aprendizaje.

Así, por ejemplo, dos personas saben realizar un mismo movimiento, pero uno lo puede ejecutar a un nivel de menor complejidad que el otro. En el caso, por ejemplo, mientras uno es capaz de pronunciar el sonido /s/ correctamente a nivel de la palabra, el otro lo pudiera realizar con perfección a nivel de la oración. Ambos saben hacer, pero sus habilidades están desarrolladas en diferentes niveles. La idea es precisar con criterios lo que el estudiante es capaz de hacer. Ese el verdadero sentido de la evaluación.

El dominio de la habilidad dependerá de la frecuencia en la ejecución, dada por el número de veces que se ejecuta la acción, la periodicidad determinada por la distribución temporal de las ejecuciones de las acciones, la flexibilidad dada por la variabilidad de los conocimientos y la complejidad que se relaciona con el grado de dificultad, en vínculo con los cambios de contextos.

Finalmente, cuando por ejemplo, el estudiante que desarrolla una habilidad y es capaz de solucionar con calidad los problemas en diferentes contextos sociales y laborales se certifica su pertinencia y se constata la competencia.

Una vez realizado todo el recorrido por los aspectos comprendidos en la planificación, es factible observar la pertinencia de su aplicación mediante un ejemplo, donde se podrá observar como conservando un mismo contenido, se asumen diferentes objetivos y por ende resultados de aprendizaje de diversidad creciente de niveles de conocimiento en distintas formas organizativas, contextos de mediación y habilidades previas que así lo facilitan.

Tabla 13. **Ejemplo de Planificación Docente con el Uso del Soporte**

Contenido	Objetivo	Nivel del Conocimiento	Forma de organización de la actividad docente	Método	Contexto de Mediación	Habilidades cognoscitivas
Los seres vivos	Comprender	Familiarización con los animales domésticos	Teórico - práctica	Aprendizaje por descubrimiento	Representativo - verbal	Identificar y describir
Particularidades de los seres vivos	Analizar	Aplicativo - reproductivo	Práctica	Observación	Objetal y representativo verbal	Describir y comparar
Clasificación de los seres vivos	Sintetizar	Aplicativo- modificado	Teórico - práctica	Elaboración Creativa	Verbal activo	Describir, Comparar y clasificar
...						

La actividad docente, es un continuo que se integra en el cumplimento de los objetivos disciplinares, bajo la mirada rectora de las metas del currículo prescrito. En el diseño de la actividad docente, se toman en cuenta las oportunidades para favorecer el desarrollo integral del alumnado: educar y desarrollar.

Al involucrar a cada participante desde sus expresiones individuales de desarrollo, se diseña la forma diferenciada en que aportan al aprendizaje propio y de sus pares, atendiendo a sus expresiones de desarrollo de las inteligencias múltiples y los estilos de aprendizajes. La interacción debe ser accesible, pensando en el rol de cada uno de los participantes en el logro del objetivo común de aprendizaje.

Para ilustrar lo dicho se presenta el ejemplo de un grupo de estudiantes que se caracteriza por que unos se orientan más rápido, que los otros en la solución de problemas, se conoce que los que necesitan más tiempo para orientarse a su vez, tienen más desarrollada la actividad motriz. El profesor, teniendo en cuenta motivaciones, intereses y empatía del alumnado, facilita reagrupación de estos, de tal manera que se conjuguen sus potencialidades y se designan las tareas a realizar en correspondencia.

Una vez que han interiorizado las acciones y operaciones, se cambian las labores a realizar, con modificaciones que no resulten de mayor complejidad. La actividad docente involucra a todos los participantes y debe diseñar el rol de cada uno en la construcción conjunta del conocimiento. En la siguiente etapa, los roles al interior de los grupos se intercambian, con modificaciones no significativas de las tareas.

XIII. f.- Pauta para el Desarrollo de una Actividad Docente

El diseño de una actividad docente lleva implícito los aspectos siguientes:

- Conexión con lo tratado
- Introducción del contenido con el apoyo de recursos
  motivacionales
- Desarrollo de la actividad
- Orientación del estudio independiente
- Nexo con lo que se tratará en la siguiente actividad

En la Conexión con lo tratado, se realiza una breve reseña por parte del profesorado, orientándose a los aprendices hacia los objetivos de lo ya estudiado. En este caso, se aplican preguntas abiertas sobre aspectos que quisieran aclarar o que han generado dudas, luego de la clase.

Es factible realizar una actividad de control por medio de preguntas que estén en correspondencia con el objetivo de la actividad anterior, es decir si el contenido se trató por ejemplo a nivel descriptivo, no es factible hacer una pregunta a nivel argumentativo. Puede efectuarse, a través de situaciones expuestas para todo el alumnado o se orienta hacia algún aprendiz en particular, atendiendo a sus diferencias individuales:

La introducción del contenido con el apoyo de recursos motivacionales, por ejemplo: para que un animal se considere doméstico o salvaje; ¿es suficiente decir su nombre? Completen en la siguiente oración:
El cerdo es un animal _____

Se exponen los puntos de vista y el profesor o la profesora a continuación enuncia el tema de la actividad, indicando que se podrán tratar los criterios expresados. Indica los objetivos de la clase y las temáticas a tratar en la secuencia lógica de la actividad docente diseñada.

En el desarrollo de la actividad se abordan las diferentes temáticas, teniendo presente el protagonismo del docente y el alumnado, los momentos de conclusiones parciales acorde con las temáticas que se van tratando. Es importante tener presente los puntos de vistas expresados al inicio de la clase por parte de los estudiantes y darle la posibilidad de retomar sus ideas al respecto. De tal manera, se contribuye a mantener las motivaciones por la actividad docente.

Para favorecer la multisensorialidad durante el proceso de aprendizaje, se deben seleccionar los medios didácticos y los momentos precisos de uso, para evitar sobre carga de medios o la presencia de ellos, cuando no son necesarios. Siempre pensando en lo que se debe constituir en el foco de atención durante del alumnado.

Una vez tratadas las diferentes temáticas, se realizan preguntas de comprobación que no otorgan puntaje y se generan en correspondencia con los objetivos de la actividad docente. Se efectúan las conclusiones, asegurando que los objetivos de la actividad queden comprendidos.

Es importante orientar el estudio independiente, las tareas a desarrollar de manera individual o grupal con su correspondiente guía de orientación.

El nexo con la próxima actividad debe darse a través de recursos motivacionales, que inciten a la continuación de estudios, como por ejemplo, a través de la presentación de un problema que se podrá resolver en la siguiente actividad.

Según la actividad docente a desarrollar, se entregan las orientaciones correspondientes de forma grupal e individual para favorecer que todos puedan alcanzar el nivel requerido para la actividad en correspondencia con sus objetivos.

En el proceso formativo, lo relevante facilitar que el protagonismo en las actividades sea a través del progresivo activismo de los estudiantes. Ello se logra conociendo las particularidades de los estudiantes y la implementación de metodología que así lo favorezca.

XIII. g.- Las Diferencias Individuales como Potencialidad para el Aprendizaje Cooperado de los Estudiantes

El conocimiento de las diferencias individuales durante el proceso docente educativo integrado se constituye en una potencialidad relevante para el trabajo cooperado de los mismos. Se pueden generar redes sociales de aprendizajes. Cuando se coopera para que el otro aprenda, se eleva el activismo y se incrementa el sentido de lo que se aprende. Se constituye en una vía para favorecer el crecimiento del par y el propio.

Además, contribuye al desarrollo de los valores, el liderazgo, las habilidades comunicacionales, es decir se favorece el desarrollo integral del alumnado, sus actitudes, conocimientos y habilidades.

Las redes sociales de aprendizaje favorecen el estudio autónomo. Para ello, se sugiere incentivar la resolución de tareas en contextos autónomos:

- En el equipo de trabajo al interior del grupo de estudiantes
- Requerimiento de apoyo de otros estudiantes del mismo grupo
- Requerimiento de apoyo de estudiantes, de otro grupo del mismo nivel de estudios

de la propia institución o de otras
- Requerimientos de apoyos de estudiantes de niveles superiores
- Con el apoyo del docente, que presentó la tarea a los estudiantes

Conocer las diferencias individuales del alumnado, permite generar acciones para que contribuyan al aprendizaje grupal e individual y al mismo tiempo, el docente puede involucrarlos en las actividades, favoreciendo el desarrollo del liderazgo, habilidades comunicacionales y otros aspectos necesarios para la formación integral como ya se indicó.

La caracterización integral del alumnado permite la inclusión en el proceso docente educativo sobre la base de sus posibilidades. Para ello, se debe contar con sus perfiles actitudinales – cognoscentes y socio - demográficos, así como los aprendizajes previos en cada nueva fase de estudios.

Al efecto de lo que se indica, por ejemplo, se toma en cuenta que unos alumnos y alumnas se orientan más rápido que otros. Logran con mayor rapidez la organización efectiva de las actividades que realizan. Sin embargo, a aquellos cuyo ritmo de aprendizaje es más lento, se les debe dedicar mayor tiempo en la orientación, acompañamiento y control durante el proceso de asimilación de las tareas planteadas.

A raíz de esa realidad, surgen los criterios de adecuación curricular (de acceso y en los objetivos de aprendizaje) en el contexto de la Diversificación de la Enseñanza, una vez que se han agotado las medidas sugeridas desde el Diseño Universal de Aprendizaje (DUA).

Ejemplo de organización del trabajo cooperado entre los estudiantes, atendiendo a las diferencias individuales por el género:

Resultados de la caracterización de los estudiantes:

En la caracterización del grupo de 5 a 6 años se pudo constatar que, en el desarrollo de una actividad escolar, por ejemplo, la clasificación de elementos sobre la base de alguna característica de los objetos, las niñas se orientan más rápido que los niños y adoptan estrategias más productivas para ejecutar dicha tarea, mientras que los niños se encuentran motivados por el desarrollo de actividades motrices. Postura metodológica a partir de las particularidades indicadas:

- Las niñas deben organizar el desarrollo de la actividad, los niños ejecutan y luego en una tarea similar se intercambian los roles. Ejemplo de actividad: Clasificación de cuadrados de colores

Objetivo: Clasificar objetos atendiendo a una sola variable excluyente

Organización de la actividad: Se forman parejas atendiendo al género

Actividad: en la mesa colocamos dos cajas vacías de color blanco y negro. El menor debe colocar cuadrados (50) de los colores citados que se encuentran mezclados entre sí en una tercera caja. La niña debe proponer la táctica más productiva para la acción y nombra el color de los cuadrados. El niño debe ejecutar la clasificación y la niña observar que no se cometan errores en el proceso.

En la medida que se logra una correcta realización del ejercicio, se aumenta el número de cuadrados, por ejemplo: verdes (25). Luego de otros colores. Esta vez, el niño propone la vía de solución y la niña ejecuta bajo el control del niño.

Se estimula el empleo de la táctica más productiva y solo se dirige la atención hacia la detección de errores, si estos son continuos. Al terminar el ejercicio, las parejas pueden detectar la presencia de errores en las clasificaciones ejecutadas por otros.

Así, el seguimiento devela las potencialidades del alumnado para favorecer mayor calidad del proceso docente educativo en la búsqueda de vías que favorezcan mejores aprendizajes: aprender y enseñar es tarea de todos y esa es la convocatoria esencial de la cooperación desde la gestión pedagógica colaborativa.

XIII. h.- Gestión del Conocimiento en Contextos Educacionales Colaborativos

Se asume la gestión del conocimiento en contextos integrados, a través de la conformación de grupos de trabajo que convocan a la comunidad educativa según se requiera, con la finalidad de coordinar el proceso de enseñanza – aprendizaje de la diversidad de estudiantes. La gestión pedagógica colaborativa se cumple cuando:

- Los docentes y profesionales de apoyo dejan de actuar de forma individual para pasar a ser miembros activos del grupo, bajo la idea común de que los estudiantes alcancen los resultados de aprendizaje
- Se deja de actuar de forma aislada para integrarse en una estrategia pedagógica colaborativa, donde las acciones a desarrollar se encuentran interconectadas. Dichas acciones, ocurren de forma coordinada durante todo proceso formativo, en un marco de proactividad e innovación, como expresión de legítima libertad para crear y alcanzar entidad propia
- Cuando el ego y la autoestima profesional se dejan a un lado, para dar apertura a la idea de que todos aprenden de todos y en el dominio de conocimiento no existe jerarquía de cargos que se ostentan

En síntesis, las y los docentes debaten y reflexionan críticamente respecto a cómo mejorar la calidad y pertinencia de la enseñanza y del aprendizaje de sus estudiantes, llegando a acuerdos que posteriormente, serán implementados en las aulas, otorgando coherencia entre el Proyecto Educativo Institucional y su Proyecto Curricular y Pedagógico.

La idea es lograr que la interdisciplinaridad convoque a formas de trabajo colaborativo, en una comunidad educativa centrada en los aprendizajes de un grupo de estudiantes. Cada comunidad educativa, se constituye en un sistema funcional que gestiona sus conocimientos. La esencia de los sistemas funcionales está en el logro de los objetivos trazados; asumiéndose la factibilidad de acordar medidas internas para mediar en los aprendizajes, teniendo presente las particularidades de los estudiantes y las exigencias formativas de la institución.

En la medida que la gestión es documentada y registrada por la institución, pasa a formar parte de su experiencia; ello resalta la importancia de la documentación de las estrategias que se diseñan, implementan y de su impacto. De tal manera, la experiencia deja de ser individual y deviene en institucional.

Cuando se gestionan los aprendizajes en una institución formadora, debe asumirse desde dos puntos de vista:

- La disposición a la conservación y transformación consciente de la cultura humana
- La propia conservación y enriquecimiento de la calidad del servicio educacional institucional

Desde ambas perspectivas, se puede considerar apropiado el enunciado gestión del conocimiento, al referirnos a los procesos educacionales. Se genera conocimiento al interior de la institución y de forma externa, por la labor creativa de sus mediadores y estudiantes en formación y egresados.

La gestión colaborativa facilita dar apertura a las ideas y prácticas, que son propias de cada uno de los integrantes del proceso formativo. Pueden ser expresadas y asumidas en forma de acuerdos, que se implementan en el quehacer docente y han de ganar en permanencia y mejora, en la misma medida que la retroalimentación sobre el impacto así lo indique.

Se opera no en lo que se dice que se haga, sino en lo que se acuerda en contextos participativos, cubiertos de flexibilidad y apertura al cambio y la ruptura con las posturas al estilo de lo que fue bueno o le que me ocurrió, es lo que debe seguir ocurriendo...

Cada aporte individual debe constituirse en una tributación al diseño de la estrategia integrada de mediación en los aprendizajes de los estudiantes. Las comunidades educativas pueden sesionar por: asignatura, disciplina, nivel o año de estudios, por grupos de estudiantes e interniveles, según la organización periódica del proceso formativo.

La comunidad educativa de la misma asignatura agrupa a docentes que la desarrollan, dirigidos por un coordinador, que tiene la responsabilidad de conjugar las actividades, en correspondencia con los objetivos a cumplir, de tal manera que las exigencias del proceso docente ocurran bajo una mirada común.

La comunidad educativa de la disciplina agrupa a los docentes que desarrollan los programas de las asignaturas que la integran. Se busca la articulación del proceso formativo para favorecer la solidez y aplicabilidad de lo aprendido por los estudiantes, al transitar hacia estudios superiores, evitando los nudos críticos, como la saturación.

Cuando se tenga más de un grupo o curso en un mismo nivel, se crean las comunidades educativas del nivel, que persiguen el cumplimiento de acciones mancomunadas, atendiendo a las individualidades de cada uno de los grupos. La experiencia demuestra que se tiende a sesionar por niveles y se toman acuerdos específicos, en relación con las particularidades propias de los estudiantes por grupos, como son sus actitudes, habilidades, aprendizajes previos y otras variables más, que puedan ser observadas y controladas.

La comunidad educativa del grupo está constituida por los docentes que desarrollan asignaturas paralelamente con el mismo grupo de alumnos y alumnas. Tiene la responsabilidad de coordinar el conjunto de actividades, en correspondencia con los objetivos a cumplir, explicitados en el proyecto pedagógico curricular de la institución formadora. En el caso de instituciones que tienen una malla secuenciada, donde al término de una asignatura comienza la siguiente, la articulación de la gestión sería interniveles.

Las comunidades educativas interniveles agrupan a docentes de diferentes disciplinas, dirigidos por el directivo metodológico, que tiene la responsabilidad de coordinar el conjunto de actividades para mejorar continuamente la calidad de la gestión, en relación con los aprendizajes en contextos articulados. Éstas pueden sesionar de forma más esporádica, pero deben marcar el inicio y culminación del proceso docente en la temporalidad que corresponda: semestre, trimestre u otra.

Las actividades de la comunidad educativa en referencia pueden sesionar acorde con la periodización de la actividad docente, por ejemplo, en el caso que sea semestral, se debería desarrollar, al menos un encuentro al finalizar y con ello, contar con los insumos sobre los aprendizajes previos, que se articulan en el diseño de la estrategia pedagógica colaborativa del siguiente nivel. Al efecto de facilitar el acceso a la información, se habilitan herramientas digitales para el seguimiento a los acuerdos, su cumplimiento e impacto en los aprendizajes de los estudiantes.

XIII. i.- Precisiones Generales sobre la Organización y Funcionamiento de las Comunidades Educativas

Las comunidades educativas, se constituyen con la finalidad de concebir y sistematizar el proceso educativo y formativo de sus estudiantes y generar condiciones para el intercambio de experiencias.

El directivo docente, registra el plan de desarrollo de las comunidades educativas para la generación de actividades metodológicas, que permitan el cumplimiento de las relaciones sistémicas en el contexto de la movilidad curricular del alumnado, en función de concebir una estrategia pedagógica integrada bajo la visión del logro de los resultados de aprendizaje.

La gestión pedagógica colaborativa permite la generación de estrategias integradas bajo las regulaciones y exigencias del proyecto pedagógico curricular, teniendo presente las particularidades actitudinales – cognoscentes y socio – culturales de los estudiantes.

Ello implica articular la planificación, implementación y seguimiento de estrategias metodológicas mediante la organización colaborativa de la práctica docente, así como atender a las características particulares de los estudiantes y sus resultados de aprendizaje en cada fase de estudio.

La estrategia pedagógica colaborativa articula a las asignaturas de la fase de estudio a partir de sus tributaciones al cumplimiento del resultado de aprendizaje del proceso formativo, según la matriz curricular, asumiendo los logros de la fase previa y los nuevos retos formativos para satisfacer las demandas del proyecto educativo; incluyendo incluso Objetivos de Aprendizaje no previstos en las Bases Curriculares, pero que resultan imprescindibles para asegurar el acceso, la permanencia y el progreso de ciertos alumnos y alumnas que manifiestan necesidades multidimensionales de apoyo, tal y como lo sugiere Quintana, D.M.(2020)[14] al introducir el concepto: Objetivos de Aprendizaje de Enriquecimiento para su Priorización; definiéndolos como:

"Objetivos de Aprendizaje de alta especificidad, provenientes de un conjunto de Dimensiones que configura la naturaleza multidimensional del ser humano y que en algunos casos, son débilmente abordados u obviados por el Currículo de Educación General, pero que resultan imprescindibles de trabajar con ciertos estudiantes cuyo Perfil de Necesidades de Apoyo, demanda niveles más altos de flexibilización curricular como vía para asegurar su acceso, permanencia y progreso por las trayectorias educativas, a través de la aplicación de dos criterios Adecuación Curricular: ENRIQUECIMIENTO y PRIORIZACIÓN".

El docente o la docente a cargo de la coordinación al interior de la comunidad educativa, registra el plan de desarrollo, para la generación de actividades metodológicas, que permitan el cumplimiento de las relaciones sistémicas en el contexto de la movilidad curricular del alumnado en función de generar una estrategia pedagógica integrada, bajo la visión del logro de actitudes, conocimientos y habilidades.

Para generar la estrategia pedagógica colaborativa se tendrán en cuenta:

- Visión, Misión y Modelo Educativo de la Institución
- Matriz curricular y sus exigencias educativas y formativas

---

[14] Manuel J. Quintana: Apoyos para la transición hacia una vida adulta activa. Propuesta progresiva de aprendizajes vitales. Ediciones Pronos World. Miami, Fl. E.U.A. Pág. 36

- Análisis de la caracterización de los estudiantes: actitudinal – cognoscente, socio-demográfico y aprendizajes previos, según recorrido formativo y exigencias curriculares
- Orientaciones metodológicas propias del proceso formativo institucional

Las formas de convergencia en la integración para dar lugar al diseño de la estrategia pedagógica colaborativa en referencia a la enseñanza son:

- La articulación del proceso
- La activación
- La individualización y diferenciación
- El equilibrio

La **articulación** del proceso de enseñanza se refiere a observar que lo aprendido por los estudiantes, encuentre aplicabilidad durante el proceso formativo de las asignaturas. De acá, la relevancia de que los profesores interactúen y se familiaricen con el itinerario formativo de las otras asignaturas a cursar por los mismos.

Así, un profesor articula su enseñanza con otra(s), lo que le confiere aplicabilidad a lo aprendido y sentido a los aprendizajes. En otras palabras, la posibilidad de avanzar hacia planificaciones integradas.

La **activación** en la enseñanza es alusiva a que todo campo del conocimiento sea tratado en diversos niveles complejidad en el proceso de aprendizaje. Ante un fenómeno determinado, se asume una postura desde las ciencias en general, luego en las ciencias particulares deben evidenciar su concreción práctica, en situaciones cambiantes y cada vez más complejas.

La **individualización y diferenciación** de la enseñanza, se expresa en que se tengan en cuenta las particularidades actitudinales – cognoscentes, sociodemográficas y las referidas a los aprendizajes de cada asignatura para adecuar su planificación y activar los mecanismos institucionales, que faciliten la atención a la diversidad de estudiantes en general. Gestionar de manera colaborativa y tener la posibilidad de compartir los resultados de la caracterización del alumnado con sus pares, con el objetivo de concebir la estrategia pedagógica, que permita mejores aprendizajes en condiciones integradas de educación y formación.

Se trata de que la caracterización favorezca la generación de la estrategia pedagógica. Al efecto, es importante que esta sea integral y comprenda aspectos sociodemográficos y del desarrollo actitudinal y cognoscente en general y los propios de los campos de las asignaturas como ya se indicó. Por tal razón, se pueden realizar estudios generales (institucionales) y particulares de cada disciplina o campo del conocimiento. De tal manera, que se cuente con información relevante sobre el alumnado:

- Perfil sociodemográfico
- Caracterización del desarrollo actitudinal y cognoscente
- Caracterización del aprendizaje previo a la nueva fase de desarrollo

El perfil sociodemográfico, orienta sobre las particularidades de la familia y su entorno. Son importantes los datos que denotan el nivel de desarrollo cultural y profesional, como son, por ejemplo, el nivel educacional del padre, madre, apoderados, situación de los estudios de los hermanos; entre otros aspectos que permiten orientar el trabajo educativo y formativo hacia la familia y con la familia.

La caracterización actitudinal y cognoscente, nos permite observar las potencialidades actitudinales hacia la actividad de estudio y el desarrollo de las habilidades básicas en general, como premisas para la continuación de estudios en cualquier nivel de enseñanza.

Los actores pueden diseñar estrategias conjuntas para elevar las motivaciones de sus estudiantes, favorecer el desarrollo de habilidades previas, necesarias para generar las bases de aprendizajes progresivamente más complejos como son: describir, comparar, clasificar entre otras.

La caracterización del dominio del campo disciplinar previo a la nueva fase de desarrollo, fundamenta las adecuaciones curriculares disciplinares e interdisciplinares para generar y brindar apoyos grupales e individuales a la diversidad de estudiantes.

Al diseñar la estrategia pedagógica en el contexto del trabajo colaborativo, se realizan demandas interdisciplinarias entre sí, diseñan actividades docentes conjuntas (clases, salidas pedagógicas, investigaciones, evaluaciones, etc.), acuerdan sobre aspectos educativos, para relacionarse con el grupo en general y atender las diferencias individuales del alumnado.

En el contexto del trabajo colaborativo, se observan las condiciones del proceso docente educativo y de esta forma, determinar las tareas a desarrollar, según la dinámica de los aprendizajes, evitando los extremos de baja o intensa carga de trabajo, e incluso ir regulando su aumento, teniendo en cuenta la accesibilidad para su cumplimiento efectivo.

El **equilibrio** en la enseñanza comprende que la planificación de las asignaturas sea objeto de análisis y se busque su integración para observar su convergencia y optimización del proceso docente. Se busca que las cargas de trabajo autónomo de los estudiantes resulten pertinentes y que puedan ser objeto de regulación. Se analiza la pertinencia de las formas de organización del proceso formativo y las evaluaciones en el tiempo, lo que se denomina balance de carga de trabajo de los estudiantes durante la fase de estudios.

Para garantizar el cumplimiento del estudio autónomo de los estudiantes, es necesario que los docentes y profesionales que brindan apoyo individual intercambian sus planificaciones para equilibrar las cargas de trabajo. En particular, conocer las exigencias de estudio autónomo de cada programa de estudios.

Se considera que mientras más detallada se encuentre la planificación, se hace posible articular las tareas que enfrentan los estudiantes. Ideal es contar con opciones, que permitan que todos los actores involucrados en el proceso formativo planifiquen en un contexto común, que les permita tener presente lo que otros previamente proyectaron para regular las cargas de tareas a los estudiantes. Los estudiantes deben tener conocimiento sobre lo que se planifica y contar con la opción de manifestar sus consideraciones al respecto.

La estrategia pedagógica generada, queda registrada en las actas de las comunidades educativas, para que se relacionen con los resultados de los aprendizajes y así, resulta factible observar su impacto.

En el seno de las reuniones de las comunidades educativas se asumen acuerdos como son:

- Las demandas interdisciplinarias. Ejemplos:

  - El intercambio sobre lo que abordarán en cada asignatura permite que un docente solicite enfatizar en algún contenido, habilidad, etc. con la finalidad de que contribuya al mejoramiento de los aprendizajes del alumnado en su campo disciplinar
  - Asunción conjunta de aspectos sensibles en los aprendizajes del alumnado, como el referido al dominio de la lengua materna u otro
  - Otras

- Desarrollo integrado de actividades docentes, prácticas, investigativas, evaluativas y otras. Ejemplos:

  - Docentes: abordan de forma conjunta un mismo contenido, desde una postura interdisciplinar
  - Prácticas: desarrollo de salidas a terreno con integración de objetivos de aprendizaje de distintas asignaturas
  - Investigativas: desarrollo de trabajos investigativos interdisciplinarios, a través de un mismo campo de acción
  - Evaluativas: aplicación de evaluaciones parciales y/o finales de forma conjunta

- La atención individual de los estudiantes. Ejemplos:

  - Atención a estudiantes talentos
  - Organización de ayudantías y mentorías
  - Otras

También es factible la formulación de sugerencias en relación con aspectos que favorecen los aprendizajes de los estudiantes, desde la experiencia individual de cada docente, como por ejemplo, el uso de recursos didácticos, medios tecnológicos, medidas disciplinares y otros.

Como resultado del análisis desarrollado en la comunidad educativa, diseñarán acciones integradas de todos los docentes para el desarrollo del aprendizaje inclusivo y comprenderá: Precisión de los propósitos de aprendizajes, demandas interdisciplinarias, desarrollo de actividades docentes integradas y ejecutadas de forma conjunta, atención a la diversidad de estudiantes, vías de evaluación de logros de aprendizajes y de impacto de las estrategias pedagógicas colaborativas generadas e implementadas.

Para el desarrollo de las reuniones, se deben crear las condiciones previas, orientadas a alcanzar un nivel de preparación, que facilite el cumplimiento del objetivo del trabajo colaborativo, lo que implica:

- Organización de la gestión pedagógica colaborativa
- Diseño de la estrategia pedagógica integrada
- Implementación de la estrategia pedagógica integrada
- Evaluación de impacto de la estrategia pedagógica integrada
- Autoperfeccionamiento

La **organización de la gestión pedagógica** colaborativa tiene como objetivo conformar los grupos de trabajo, que gestionarán los aprendizajes de los estudiantes en una etapa precisa del proceso formativo y, orientarán sobre los lineamientos curriculares y pedagógicos; así como la experiencia formativa propia de la institución. Los resultados esperados son:

- Conformación de los grupos de trabajo para el nivel de estudios y presentación del coordinador de la gestión
- Concientización de parte de los docentes sobre el modelo educativo de la institución y su proyecto curricular y pedagógico
- Conocimiento y compromiso de cumplimiento de horarios de clases y reuniones proyectadas
- Entrega de la documentación curricular y el cronograma de las planificaciones de asignaturas, tareas asignadas, reuniones de trabajo y fechas de perfeccionamientos, según requerimientos del modelo educativo institucional
- Orientaciones generales curriculares y pedagógicas, así como las relacionadas con el estado del arte de los aprendizajes de los estudiantes y las opciones tecnológicas para el proceso de gestión de los aprendizajes

El **diseño de la estrategia pedagógica integrada** se concreta en el contexto de reuniones de trabajo metodológico, donde los miembros de la comunidad educativa intercambian sobre el estado del arte de los aprendizajes de los estudiantes; sus particularidades individuales y exigencias formativas para la etapa.

Se asume como objetivo: diseñar la estrategia pedagógica integrada, considerando las características de los estudiantes, con la finalidad de promover la integración de objetivos de aprendizaje de las asignaturas. Los resultados esperados son:

- Ajustes a la planificación para favorecer el estudio autónomo de los estudiantes
- Determinación de la asignatura rectora de los aprendizajes para la etapa
- Conformación de las tributaciones por asignaturas, según requerimientos de la asignatura rectora para la etapa
- Concreción de demandas interdisciplinares para favorecer los aprendizajes de los estudiantes, a la luz de los aprendizajes previos y sus particularidades actitudinal-cognoscente y socio- culturales. Apoyos sistemáticos o transitorios para facilitar los aprendizajes de los estudiantes
- Concreción de formas integradas de desarrollo del proceso formativo por dos o más miembros del grupo de docentes, que teniene lugar a través de:

  - Docencia conjunta:

    - Ejecución conjunta de una misma actividad de aprendizaje durante el proceso formativo, tales como resolución de problemas, análisis de casos, salidas a terreno y exposiciones

  - Metodología por utilizar:

    - Asunción de metodologías comunes para la mediación en los aprendizajes, como Estudio de Caso, Aprendizaje Basado en Problemas; entre otras

  - Ajustes a la planificación para facilitar el estudio autónomo:

    - Determinación de las cargas de trabajo relacionadas con la frecuencia diaria de actividades teóricas y prácticas, así como evaluaciones

  - Esbozo de la forma de evaluación integrada, así como la forma de evaluación de impacto de la estrategia diseñada:

    - Generación del proceso formativo integrado, incluyendo ejercicios evaluativos

La **implementación y seguimiento de la estrategia pedagógica integrada** se materializa en las reuniones sucesivas, que tienen como objetivo realizar seguimiento al proceso de implementación de la estrategia pedagógica colaborativa, evaluando su pertinencia y aplicabilidad, para el logro de los resultados de aprendizaje del nivel formativo.

Para cada reunión, es importante contar con evidencias de cumplimiento de los acuerdos asumidos, los resultados de las evaluaciones y sus indicadores de logro y la percepción de los estudiantes sobre el proceso formativo. Los resultados esperados son:

- Denotación de la marcha de la estrategia implementada y asunción de cambios tácticos durante el proceso formativo sobre la base de las evidencias de los resultados de aprendizaje
- Presentación de evidencias cuantitativas y cualitativas del seguimiento al logro de los aprendizajes de los estudiantes

La **evaluación de impacto de la estrategia pedagógica integrada** tiene como objetivo que evidencie los resultados alcanzados, por medio de argumentos que proyecten las medidas a tomar en la nueva fase de estudio y mejorar el propio proceso, ante nuevas cohortes de estudiantes. Los resultados esperados son:

- La constatación de impacto en los aprendizajes, comparando los resultados de las evaluaciones diagnósticas con las de seguimiento (parciales y finales) en una etapa de estudios: valor agregado en la etapa
- La constatación de impacto en los aprendizajes, comparando los resultados de las evaluaciones de seguimiento (parciales y finales) de varias etapas de estudios de la misma cohorte de estudiantes: valor agregado en varias etapas. Tendencia al logro durante la trayectoria estudios
- Estudios comparados de resultados de cohortes de estudiantes, que transitan por la misma etapa y durante la trayectoria de estudios
- Presentación de informe para la articulación del proceso formativo en la siguiente etapa, así como sugerencias de mejora para igual etapa, en la mediación del aprendizaje de nuevas cohortes de estudiantes

Se precisa, que a las reuniones de las comunidades educativas pueden ser invitados los propios estudiantes, bibliotecarias(os); entre otros(otras). La retroalimentación de la marcha del proceso formativo por parte de los estudiantes se logra con la invitación a un representante del grupo de estudiantes.

Encuentros sistemáticos de los miembros de la comunidad educativa para observar los avances en los aprendizajes del alumnado: análisis grupales e individuales crean condiciones para diseñar cambios tácticos, que permiten el cumplimiento de los propósitos de aprendizajes.

Encuentros sistemáticos de los docentes para observar los avances en los aprendizajes: análisis grupales e individuales crean condiciones para diseñar cambios tácticos, que permitan cumplir con los propósitos de aprendizajes. El seguimiento, se constituye en un recurso para las reorientaciones tácticas de las estrategias pedagógicas colaborativas implementadas. Así, se observa si la gestión para mediar en los aprendizajes requiere de nuevas medidas, referidas a su propio quehacer.

El proceso formativo aglutina los esfuerzos de todos los actores involucrados con la mirada fija en el perfil de egreso, sobrepasando la visión asignaturista y el aislamiento o la fragmentación en el proceso de enseñanza y de aprendizaje. Es necesario integrarse en comunidades educativas para integrar a la diversidad.

El punto de partida se encuentra en determinar las particularidades reales de ingreso de los estudiantes y generar las posibles adecuaciones a concretar en el quehacer docente integrado. El resultado queda expresado en la estrategia pedagógica diseñada, para dar cumplimiento a los propósitos de aprendizajes en cada fase de desarrollo.

La pertinencia de la estrategia pedagógica aplicada debe ser objeto de seguimiento permanente, lo que permite observar el logro de los propósitos de aprendizaje de cada nivel, relacionándolos con las características del alumnado; sus aprendizajes previos y los resultados obtenidos, teniendo presente las exigencias curriculares. Se crean condiciones para adoptar una postura multifactorial para el control de la calidad del proceso docente educativo.

La evaluación docente no es un fin, es un requerimiento indispensable para avanzar hacia la calidad y pertinencia de la educación. Es el resultado del quehacer académico conjunto y se constituye en un mecanismo de retroalimentación en función de favorecer la calidad del proceso docente educativo.

La práctica de seguimiento muestra el comportamiento de los aprendizajes del alumnado en actividades relacionadas con los sistemas de evaluación. Se puede observar, por ejemplo, el comportamiento de resultados ante evaluaciones orales y escritas, talleres prácticos, etc.

Para el análisis multifactorial, es necesario procesar información referida a características del alumnado y estrategias pedagógicas implementadas para mediar en los aprendizajes. También se analiza el sistema evaluativo, los instrumentos que aplican y las pautas para la calificación, donde debe ganar espacio creciente la autoevaluación para contribuir a la autonomía cognoscente.

En el proceso docente educativo inciden múltiples factores y como tal, tienen que ser analizados sus logros y limitaciones, lo que indudablemente involucra la gestión general de la institución. Es una actividad conjunta, que debe ser objeto de retroalimentación para observar sus fortalezas y debilidades. De tal manera, asumir medidas para el mejoramiento continuo.

Las comunidades educativas se crean para desarrollar la docencia de forma integrada y **el autoperfeccionamiento** es una consecuencia de la interacción entre los participantes. Los docentes se unen para generar estrategias pedagógicas y en su contexto, cultivan experiencias y ocurre el aprendizaje entre pares.

El quehacer integrado del profesorado y profesionales asistentes de la educación permite generar medidas conjuntas, para favorecer el desarrollo pedagógico y curricular, a través de tres vías de acción:

- El perfeccionamiento en los fundamentos psicológicos y pedagógicos de la docencia y las proyecciones curriculares
- El autoperfeccionamiento sobre la base del desarrollo de actividades metodológicas, que contribuyan al aprendizaje entre pares, en el contexto de comunidades   educativas
- La implementación del intercambio de experiencias exitosas y la investigación aplicada al proceso docente educativo

En la práctica, la vía más usada para el mejoramiento es la relacionada con capacitación y perfeccionamiento. Generalmente, se ejecuta fuera del proceso de enseñanza y de aprendizaje, sin velar por el impacto en la calidad de los aprendizajes.

El profesorado, históricamente ha sido más objeto, que sujeto de las investigaciones en el área de la educación. Esto hay que revertirlo. Debe ser el generador de investigaciones y para ello, lo primero es compartir experiencias pedagógicas, antes de asumir el recurso de la investigación profunda.

Por ello, la capacitación y el perfeccionamiento deben ir en relación coherente con la solución de los problemas, que inciden en la calidad de la educación; como vía evaluación de sus impactos.

La gestión integrada del conocimiento en las comunidades educativas lleva a que aprendan entre sí. Es una rica opción de crecimiento conjunto, donde todos aprenden de todos y a su vez, se retroalimentan sobre fortalezas y debilidades.

El autoperfeccionamiento, se realiza al interior de las comunidades educativas al integrar el desarrollo de las actividades académicas, prácticas, investigativas y evaluativas. Es el efecto natural de la gestión que persigue un fin común y por tanto tienen la opción de activar orientaciones mutuas, según dominios disciplinares y/o metodológicos de sus miembros.

Por ejemplo, al interior de la comunidad educativa, se puede registrar debilidad en el desarrollo docente con rigurosidad científica. En este caso, un profesional con dominio de los principios de la investigación pedagógica desarrolla un taller al respecto. Luego demuestra la presencia del rigor científico en una actividad práctica y finalmente, uno de los participantes retroalimenta sobre la aplicabilidad de lo aprendido en una actividad docente en particular.

Al interior de las comunidades educativas, es dable que se organicen actividades docentes con la colaboración de sus integrantes. Así, con la ayuda de todos, por ejemplo, se diseña la clase de uno de sus miembros. Luego se registra su desarrollo para observar sus fortalezas, debilidades y oportunidades en un análisis ulterior de la misma. Se trata de la evaluación de una actividad que es de todos, desde su diseño, hasta la puesta en práctica.

La idea esencial es que enseñando juntos también aprendemos y mejoramos nuestras prácticas.

BIBLIOGRAFÍA

- **Adreev, L.** (1963). Fundamenos de la teoría del conocimiento. Montevideo, Uruguay: Editorial América Nueva.

- **Anderson and Krathwohl.** Bloom's Taxonomy Revised Understanding the New Version of Bloom's Taxonomy ©Leslie Owen Wilson (2016, 2013, 2005, 2001).

- **Bloom, B. S.** (1975). Taxonomía de los objetivos de la educación. Barcelona, España: Editorial Ateneo.

- **Bruner, J. S.** (1989). Acción, pensamiento y lenguaje. Madrid, España: Alianza Editorial.

- **Carglen, F.** (2009). Pedagogía de Waldorf. Una educación hacia la libertad. Buenos Aires, Argentina: Editorial Antroposófica.

- **Castells, M.** (1996). La era de la información. Economía, sociedad y cultura. Ciudad México: Siglo XXI Editores.

- **Crilly, T.** (2011). 50 cosas que hay que saber sobre matemáticas. Buenos Aires, Argentina: Editorial Paidos.

- **Besil, C. A.** (2010) Factores de permanencia de los alumnos en la Universidad San Sebastián. Tesis de Magíster en Ingeniería Industrial. Santiago, Chile: Universidad Católica de Chile, Escuela de Ingeniería.

- **Figueredo, E. E.** (2020). Fundamentos psicológicos del lenguaje. Miami, FL. E.U.A: Editorial Pronos World. Segunda Edición.

- **Galperin, P. G.** (1995). Teoría de la formación por etapas de las acciones mentales. Moscú, Rusia: Editorial MGY.

- **González, F.** (1995). Comunicación, personalidad y desarrollo. Ciudad de la Habana: Editorial Pueblo y Educación.

- **Lambert, L.** (2017). El liderazgo constructivista: forjar un camnio propio en pos de la reforma escolar. En Liderazgo educativo en la escuela. Nueve miradas. Santiago, Chile. Ediciones Universidad Diego Portales.

- **Leontiev, A. A.** (1981). La lengua en los niños. Moscú, Rusia: Editorial Nauka.

- **Lovell, K.** (1984). desarrollo de los conceptos básicos matemáticos y científicos en los niños. Madrid, España: Ediciones Morata, S. A.

- **Luria, A.R.** (1986). Psicología y pedagogía. Madrid, España: Ediciones Akal.

- **Luria, A. R.** (1977). Las funciones corticales superiores en el hombre. Moscú, Rusia: Editorial Moskovski Universitet.

- **Luria, A. R.** (1978). El cerebro en acción. Ciudad de la Habana: Editorial Puebo y Educación.

- **Luria, A. R.** (1986). Los principios del desarrollo mental en Psicología y Pedagogía. Madrid, España: Ediciones Akal.

- **Martinéz, T. M.** (2010). Alumnado con altas capacidades. Barcelona, España: Editorial Grau.
- **Marzano, R. J.** (2008). Desiggning and assessing educational objectives: Applying the new taxonmy. California, USA: Corwnin Press.
- **Maturana, H.** (1996). Desde la biología a la psicología. Santiago, Chile: Editorial Universitaria.
- **Maturana, H.** (23 de 03 de 2017). La humanidad-los niños- los mayores. Obtenido de http://latercera.com.
- **Maturana, H.** (10 de 2013). El árbol de conocimiento. Obtenido de https://pildorasocial.files.wordpress.com.
- **Morin E. (1999).** Los siete saberes necesarios para la educación del futuro.. Paris Francia: ONU para la Educación, La Ciencia y la Técnica.
- **Oppenheimer A. (2018).** ¡Sálvese quien pueda! El futuro del trabajo en la era de la automatización. Nueva York, Estados Unidos: Vintage Español.
- **Peréz - Montoro, M.** (2008). Gestión del conocimiento en las organizaciones. Fundamentos, metodologías y praxis . Asturias, España: Ediciones Trea.
- **Piaget, J.** (1979). Introducción a la psicolinguistica. Buenos Aires, Argentina: Editorial Proteo.
- **Quintana, M. J.** (2020). Apoyos para la transición hacia una vida adulta activa: propuesta progresiva de aprendizajes vitales. Miami, FL. E.U.A.: Ediciones Pronos World
- **Ríos T. (2012).** La gestión del conocimiento y la educación superior universitaria. Gestión en el Tercer Milenio. Rev. Investigación de la Fac. de Ciencias Administrativas, UNMSM (Vol. 15, Nº 30, Lima):
   https://pdfs.semanticscholar.org/a93b/5fe130c9d376d752c1bf8b4ac305eb8af4bd.pdf.
- **Rizo, C. C.** (2003). Matemática 1: Cómo trabajar la matemática en los primeros grados. Ciudad de la Habana: Ediciones ICCP.
- **Schultz, T. W.** (1985). Investing in people. The economics of population quality. Madrid, España: Ariel S.A.
- **Vygotsky, L. S.** (1981). Pensamiento y lenguaje. Ciudad de la Habana: Edición Revolucionaria.

www.ingramcontent.com/pod-product-compliance
Lightning Source LLC
Chambersburg PA
CBHW081654270326
41933CB00017B/3167